Alastair Mackintosh:

Symbolismus und Jugendstil

D1422351

Droemer Knaur

Januar 1976
© Droemersche Verlagsanstalt
Th. Knaur Nachf. München/Zürich 1976
Titel der bei Thames & Hudson Ltd, London,
erschienenen Originalausgabe
»Symbolism and Art Nouveau«
© 1975 Thames and Hudson Ltd, London
Alle Rechte vorbehalten
Aus dem Englischen übertragen von
Gerda Kurz und Siglinde Summerer
Satz IBV Lichtsatz KG, Berlin
Lithographie Paramount Litho Ltd, Wickford, Essex
Gesamtherstellung Cox and Wyman Ltd,
London, Fakenham and Reading
Printed in Great Britain
ISBN 3-426-00423-2

Symbolismus und Jugendstil

»Es ist faszinierend zu beobachten, wie sich – gewissermaßen unter den eigenen Augen – ein Wandel im Kunstgeschmack anbahnen bzw. eine frühere Kunstrichtung wiederaufleben kann. An bislang wenig geschätzten oder übergangenen Bildern werden plötzlich verborgene Vorzüge entdeckt. Die Händler üben kommerziellen Druck aus, Spekulationskäufe setzen ein, Kunstwerke werden als ›Geldanlage‹ betrachtet; die kurz zuvor noch als ›verrückt‹ abgewertete Strömung gilt auf einmal nur noch als exzentrisch und bald schon als aufregend modern. Die Fachleute schreiben gelehrte Artikel, zumal es über die anerkannten Favoriten ohnehin nichts Neues mehr zu vermelden gibt, Farbbeilagen verkünden die frohe Botschaft einem breiteren Publikum, und schließlich bildet sich so ein neuer Geschmack heraus.« (Francis Haskell in der *New York Review of Books*, Juli 1969.)

Was Haskell, einer der besten Kenner des Kunstgeschmacks, im Hinblick auf die akademische Malerei in Frankreich sagte, trifft in verstärktem Maße auf Symbolismus und Jugendstil zu. Noch vor zehn Jahren wäre es undenkbar gewesen, ein für die breite Masse der Kunstliebhaber gedachtes billiges Buch über die eine oder die andere Richtung herauszubringen. Damals interessierten Kubismus, Surrealismus und Impressionismus, während jener Stil, der in Deutschland als Jugendstil und international als Art Nouveau bezeichnet wird, als überästhetisiert und dekadent galt und der Symbolismus nicht einmal bekannt genug war, um auf Ablehnung zu stoßen. Ohne einen grundlegenden Geschmackswandel hätte das vorliegende Buch also gar nicht erscheinen können.

Nun darf aber derjenige, der sich für Kunst interessiert, Ausstellungen besucht und einschlägige Bücher liest, nicht vergessen, daß Kunstgeschichte nichts in sich Abgeschlossenes darstellt, sondern sich in stetigem Fluß befindet. Gewiß gibt es Leute, die die Vergangenheit auf eigene Faust erkunden, aber die meisten lassen sich doch von den Kunsthistorikern lenken, die die Bücher schreiben und die Ausstellungen arrangieren. Wohl mag das Publikum durch seine Vorliebe für einen bestimmten Kunststil, im vorliegenden Fall für den dekorativ-sinnlichen, einen gewissen Einfluß auf sie ausüben, aber letztlich bestimmen doch sie im Verein mit den Kunsthändlern, was als nächstes aus der Versenkung geholt werden soll.

Da sich die Kunsthistoriker durch die Wiederentdeckung einer Epoche verständlicherweise einen Namen machen und die Kunsthändler möglichst viele Werke verkaufen wollen, wird die wiederentdeckte Richtung gewöhnlich hoch gerühmt. So auch der Symbolismus, der von einem in Vergessenheit geratenen bzw. verlachten Stil plötzlich zu einer »alternativen Tradition der modernen Kunst« aufstieg, wie Alan Bowness im Katalog der großen Ausstellung schrieb, durch die diese Strömung endlich den Ritterschlag historischer Achtbarkeit erhielt. Andere Autoren wie Philippe Jullian gehen noch einen Schritt weiter und stellen die Symbolisten sogar über die anerkannten Geburtshelfer der Moderne.

Im Grunde freilich bringt dieser ganze Aufwertungsrummel nicht viel. Kunst hat mit Wettbewerb so wenig zu tun, wie Kunstgenuß von offizieller Billigung oder Ablehnung abhängt. Gewiß halte auch ich manche Künstler für »besser«, weil sie Werke von besonderer Geschlossenheit und emotionaler Tiefe schaffen, doch deshalb muß der von ihnen vertretene Stil noch lange nicht besser sein als irgendein anderer. Und daß die eher klinische Betrachtungs- und Malweise der Kubisten und anderer geometrischer Künstler eine Reaktion ausgelöst hat, erscheint ebenso natürlich, wie es zu begrüßen ist, daß wir, sofern es mit dem nötigen kritischen Scharfblick geschieht, die noch dunklen Ecken und Winkel der Kunstgeschichte auszuleuchten suchen.

Im großen und ganzen ist das Wiedererwachen eines Interesses an einer früheren Richtung ein getreuer Spiegel zeitgenössischer Strömungen. So führte der abstrakte Expressionismus der fünfziger Jahre zu einer Aufwertung des späten Monet, und sogar Turner kam als Vorläufer der abstrakt-expressionistischen Richtung zu Ehren. Und ebenso wäre wohl die Wiederbelebung des Jugendstils Mitte der sechziger Jahre ohne Pop Art und seine Bemühung um die Rehabilitierung leuchtender Farben und linearer Dekorationselemente unmöglich gewesen. Die Pop Art hat ihre Wurzeln weit mehr in der Gebrauchskunst der Vergangenheit als in der »hohen Kunst«, und auch der Jugendstil (wie wir noch sehen werden) entfaltete seinen Hauptelan im Bereich der angewandten Kunst. Ganz ähnlich dürfte die Ende der sechziger Jahre so beliebte Minimal Art entscheidend zum Wiedererwachen des Interesses am Neoklassizismus eines David beigetragen haben, wie umgekehrt die Ablehnung des Minimalismus, eines Stils, der für eine Bewertung noch zu neu ist, wenn er auch häufig als »feiges Ausweichen« bezeichnet worden ist, eindeutig mit der Wiederentdeckung des Symbolismus zusammenhängt: Beide proklamieren eine Ästhetik bewußter Vulgarität.

Dazu kommt ein weiterer Faktor, der Beachtung verdient, der Einfluß von Drogen. In den letzten zehn Jahren ist der Konsum bewußtseinserweiternder Drogen wie Haschisch und LSD besonders unter der Jugend spürbar gestiegen, was nicht ohne Wirkung auf die populäre Kunst von heute, die Comic Strips, Rockposters und Untergrundmagazine geblieben ist. Bei der Suche nach einer visuellen Entsprechung zu ihren im Umgang mit Drogen gemachten Erfahrungen stießen die Designer auf den Jugendstil, später auch auf gewisse Aspekte des Symbolismus. Die Verbindung dieser beiden Stilrichtungen mit einer weltweiten, kunstunabhängigen Bewegung führte zu einer ungewöhnlich weiten Verbreitung ihrer künstlerischen Ausdrucksmittel. Tatsächlich stellte der Jugendstil eine Zeitlang in der ganzen westlichen Welt die gemeinsame Sprache der Jugend dar, und das bedeutete u. a., daß den Kennern und Händlern das Diktat über die Vergangenheitsbetrachtung ausnahmsweise einmal entglitten war, das sie auch im übrigen bis heute nicht völlig wiedergewinnen konnten.

Die Folge ist, daß der Symbolismus und in gewisser Hinsicht auch der Jugendstil noch immer umstritten sind. Dies liegt nicht zuletzt auch daran, daß die Kritik mit dem Tempo, in dem diese Stile wiederentdeckt wurden, nicht Schritt halten konnte. Während die einen sie verteidigen, lehnen andere manche der hier aufgenommenen Maler als künstlerisch indiskutabel ab. Ich für meinen Teil möchte

mich damit begnügen, die Werke und ihre Entstehungsge-
schichte zu beschreiben, und von Werturteilen nach Möglichkeit absehen. Sollte mir dennoch das eine oder andere
unterlaufen sein, so bitte ich den Leser, das betreffende
Bild selbst zu betrachten und sich seine eigene Meinung
zu bilden.

Bei aller Verwandtschaft sind Symbolismus und Jugendstil
doch zweierlei, auch wenn sich nicht einmal ihre Verteidi-
ger über die Zuordnung der verschiedenen Künstler einigen
können. Wollen die einen nur die französischen Künstler
der achtziger und neunziger Jahre des 19. Jahrhunderts zu
den eigentlichen Symbolisten zählen, so schließen wiederum andere die englische Arts-and-Crafts-Bewegung von
vornherein vom Jugendstil aus. Doch wozu sich mit solch
kunsthistorischen Haarspaltereien aufhalten? Bezeichnungen wie Symbolismus, Kubismus usw. kommen ohnehin
meist erst auf, wenn die Bewegung bereits in vollem Gange
ist und dienen häufig lediglich als praktisches Etikett. Weit
besser also, man macht die Augen auf und läßt den gesun-
den Menschenverstand walten. Dabei wird man feststellen,
daß in den beiden letzten Jahrzehnten des 19. und im ersten
Jahrzehnt des 20. Jahrhunderts in der bildenden Kunst Eu-
ropas und Amerikas dieselben Ideen und Stiltendenzen
vorherrschten, Bestrebungen, denen in erster Linie eins gemein war: die Ablehnung der damals tonangebenden
Kunstrichtungen, des Akademismus und des Impressionismus. Wollen wir also Symbolismus und Jugendstil wirklich
verstehen, müssen wir sie uns genauer in ihrem Verhältnis
zu jenen beiden Richtungen ansehen, vor allem in ihrer
Beziehung zu Ingres und Delacroix.

Bei Ingres zeichnet sich erstmals jene auf ein breites Publikum zugeschnittene Erotik ab, die später in gewissen symbolistischen Werken ihren Höhepunkt erreichen sollte.
»Ideal«, wie diese Gemälde waren, wurden sie dem An-
spruch an die Kunst, dem menschlichen Streben höhere
Ziele zu setzen, durchaus gerecht, nur daß sie nicht mehr
(wie die Davids) das edle Leben der Römer, sondern vor-
zugsweise weibliche Akte zum Thema hatten. Durch den
meist exotischen, vielfach orientalischen Rahmen erschienen die dargestellten glatthäutigen, sanftäugigen Schönen

zwar gleichsam entrückt und erhielten so den Anstrich der Wohlanständigkeit, waren aber gleichzeitig in einer so realistischen Technik gemalt, daß die Phantasie sich ihrer ohne weiteres bemächtigen konnte. So brauchte das neue Publikum, die aufkommende Bourgeoisie, lediglich Ingres zu akzeptieren, um sich an der hohen Kunst auf höchst achtbare Weise erotisch zu verlustieren.

Delacroix dagegen, für derartige Finessen der Wirklichkeitsbewältigung wenig aufgeschlossen, interessierte sich vornehmlich für das Auge. Bei ihm stoßen wir erstmals auf die Idee, das Auge könne unabhängig vom Verstand agieren und die Kunst den faktischen Sehvorgang nachvollziehen. Er war der erste, der das Spiel des Lichts auf den Dingen auf seine Komponenten hin untersuchte und, statt die Farben auf der Palette zu mischen, eine Vielzahl von Tönen separat auf die Leinwand auftrug, deren Mischung er dem Auge überließ. Er ging auch als erster dazu über, Schattierungen nicht mehr mittels Schwarz und Grau, sondern mit Hilfe der jeweiligen Komplementärfarben anzudeuten, so z. B. bei einem roten Gegenstand durch Grün. Und er ließ sich im Gegensatz zu späteren Malern wie Seurat auch noch weitgehend vom Instinkt leiten, so gab er doch immerhin den Anstoß zur Formulierung von Theorien über die Wirkweise von Licht und Farbe.

Die von diesen beiden Malern begründeten Kunstauffassungen entwickelten sich dann im Laufe der Zeit immer weiter auseinander. Mitte des 19. Jahrhunderts trat ihre Gegensätzlichkeit bereits klar zutage. Der von Ingres eingeleitete Stil war zur offiziell anerkannten Kunst aufgerückt. Bilder dieser Schule wurden in den großen Ausstellungen gezeigt und genossen bei den damaligen Mäzenen ungemeine Beliebtheit, während die Delacroixsche Richtung in den Untergrund abgedrängt worden war.

Aus heutiger Sicht ist dieser Gang der Dinge kaum zu begreifen, besitzt doch die akademische Malerei des 19. Jahrhunderts in unseren Augen nur wenige oder gar keine Meriten, während wir in dem über Courbet auf Delacroix zurückgehenden Impressionismus die natürliche Fortführung der künstlerischen Entwicklung sehen. Aber so unfaßlich es uns auch erscheint, daß die Bilder eines Monet oder Renoir, die wir ob ihrer Anmut und Leichtigkeit besonders schätzen, mit wütendem Haß angegriffen wurden, gilt es doch die Gründe dieser Ablehnung aufzuhellen, da eine solche Analyse die Einordnung von Bewegungen wie Symbolismus und Jugendstil ganz erheblich erleichtert.

Die akademische Kunst mißt alles an den Idealen der Vergangenheit. Sie vertritt die statische Auffassung, nach der der Gipfel künstlerischer Vollendung bereits erreicht worden sei, weshalb jede neue Richtung nach ihrer Treue gegenüber den etablierten Prinzipien beurteilt werden müsse. Bezugspunkt ist nicht die Realität, sondern die über den Trivialitäten des Alltags stehende Geschichte der Kultur. Gerade dagegen aber verstießen die Impressionisten, die durch Abkehr von der Kultur den Status der Kunst verneinten.

Wie die Ironie des Schicksals es jedoch will, gerät die Kunst just in dem Augenblick, in dem sie sich »über« dem Leben ihrer Zeit wähnt, unter ihr Diktat. Der damalige Unternehmer konnte durch Ausbeutung seiner Arbeiter ein Vermögen zusammenraffen und es dann für Werke »hoher Kunst« wieder ausgeben. Ehrbares Bildungsbürgertum und hohe Preise machten den Salon praktisch zu einer Art Inzuchtverein.

Im Gegensatz zu den akademischen Malern bezogen die Impressionisten ihre Kriterien nicht aus der Kultur, sondern von deren großen Rivalen, der Wissenschaft. Sie fühlten sich als Maler des neuen technischen Zeitalters: Monet malte Dampf von Lokomotiven, Degas zog die Kamera heran, und Renoir schilderte die Lustbarkeiten des aufkommenden Mittelstandes, nur daß die Nutznießer des neuen Materialismus an nichts weniger erinnert werden mochten als an eben diesen: Sie lechzten vielmehr nach Kultur.

Doch die Impressionisten machten sich nicht nur durch ihre Themen unbeliebt, sondern auch durch ihre Methoden. Sie benutzten das Auge wie eine Kamera, registrierten, was sie sahen, und machten dank dieser neutralen Arbeitsweise eine Entdeckung, die der Wissenschaft erst Anfang des 20. Jahrhunderts glücken sollte. Nur war diese Entdeckung, nämlich daß Licht und folglich auch alles übrige eine kontinuierliche Erscheinung darstellt, dem damaligen Mäzen mitnichten genehm. Es widerstrebte ihm, Licht als etwas anzusehen, was alles in der gleichen Weise kontinuierlich durchdringe. Zudem war das Licht, wie Monet mit seinen Bildern der Fassade der Kathedrale von Reims demonstrierte, nicht statisch. Die Form selbst wandelte sich mit dem Wechsel des Lichts.

Diese Beobachtung erforderte einen neuen Malstil, vermochte doch der glatte Realismus der akademischen Technik dieser optischen Erkenntnis, daß die einzelnen Formen in Wirklichkeit keine trennenden Konturen aufweisen, in keiner Weise gerecht zu werden. Folgerichtig kommt es in der Zeit zwischen Jahrhundertmitte und -ende zu einer fortschreitenden Auflockerung des Pinselstrichs, der immer kürzer und regelmäßiger wird, bis mit den Bildern von Georges Seurat schließlich der logische Schlußpunkt, winzige Tupfen reiner, unvermischter Farbe, erreicht ist.

Für Seurat war Wissenschaft alles. »Man will«, sagte er, »in meinen Bildern Poesie sehen. Aber ich wende lediglich meine Methoden an, nicht mehr und nicht weniger« – ein Bekenntnis zur wissenschaftlichen Methode, wie es rigoroser von keinem Künstler je abgelegt worden ist. Hatten sich die Impressionisten noch auf ihr Auge verlassen, so mochte Seurat ihm allein nicht mehr trauen. Da es den atomaren Aufbau der Welt nicht wahrzunehmen vermag, postulierte er eine Theorie und führte so durch seine bedingungslose wissenschaftliche Neutralität die Kunst in das Reich der Ideen zurück. Dabei bewahrte ihn einzig seine hochgradige Sensibilität davor, vom schmalen Pfad zwischen dem, was er beobachtete, und dem, was er zu beobachten glaubte, abzuirren. Tatsächlich geriet nach seinem verfrühten Tod die von Delacroix eingeleitete und von den Impressionisten fortgeführte Kunstströmung in einen gefährlichen Engpaß, der im Grunde von Anfang an abzusehen war.

Für Symbolisten wie Gauguin, die gleichfalls vom Inpressionismus herkamen, stellte sich das Problem anders. Ihnen ging es darum, neue Themen ausfindig zu machen, ohne darüber das inzwischen Erlernte wieder aufgeben zu müssen. Die Impressionisten haben gezeigt, daß genaue Naturbeobachtung zu einer »Feldtheorie« (wie man heute sagen würde) führt, d. h. zu der Idee, daß alle Dinge als Teil des Wahrnehmungsfeldes des Beobachters gleiches Gewicht besitzen. Und wenn sie auch den Beobachter selbst noch nicht zu diesem Feld rechneten, sondern an der Vorstellung von seiner Unparteilichkeit festhielten, legte doch jedenfalls ihr Werk diesen Schluß nahe und schuf so die Grundlage für erste, von dieser Prämisse ausgehende Versuche in den Jahren 1880 bis 1910.

In der Erkenntnis, daß die Fortführung der neutralen Naturbeobachtung zwangsläufig bei der reinen Wissenschaftlichkeit eines Seurat endet, schlugen die symbolistischen Maler die einzig mögliche Richtung ein – die nach innen. Für sie hieß das Problem: wie die Welt des Unbewußten, des Archetypischen darstellen, ohne in eine akademische Mythologisierung zu verfallen? Die Lösung, die sie fanden, lautete: die Außenwelt als Gegenstand beibehalten, aber nicht malen, was das leidenschaftslose Auge sieht, sondern was der Betrachter empfindet. Akzeptiert man nämlich, daß Betrachter und Betrachtetes Teile desselben Ganzen sind, kann man das eine durch das andere beschreiben, kann der Künstler seine Empfindungen durch entsprechende Bearbeitung der beobachteten Wirklichkeit zum Ausdruck bringen.

Diese Idee war ebenso schwer faßlich wie fortschrittlich. Selbst bei so alptraumhaft bedrängenden Bildern wie denen eines Goya gewinnt man ja den entschiedenen Eindruck, der dargestellte Gegenstand sei für den Künstler im alltäglichen Sinne real gewesen und stelle keineswegs den bewußten Versuch dar, Empfindungen und Bewußtseinszustände im Spiegel der Außenwelt einzufangen. Kein Wunder also, daß Gauguin in diesem Punkt, falls überhaupt, nur von wenigen seiner Nachfolger verstanden wurde und sein Einfluß sich, zumindest anfangs, hauptsächlich auf stilistische Fragen beschränkte.

Das erste wirklich geglückte Bild dieses neuen Stils, Gauguins *Vision nach der Predigt*, kreist um die Probleme der Darstellung einer symbolischen Landschaft und der Beziehung zwischen Betrachter und betrachtetem Gegenstand. Eine Gruppe von Bretoninnen erlebt nach der Predigt über Jakobs Kampf mit dem Engel eine gemeinsame Vision. Wie aber klarmachen, daß es sich um eine Vision handelte? Gewiß nicht mit naturalistischen Mitteln: Da Visionen keine natürlichen Phänomene sind, kam die impressionistische Technik nicht in Betracht; und ebensowenig wäre die glatte, idealisierende akademische Manier einer emotional so stark aufgeladenen Szene gemäß gewesen.

Gauguins Lösung mutet, zumal wenn man bedenkt, welche Unsicherheit damals im Hinblick auf die Darstellung der Innenwelt herrschte, erstaunlich präzis und vollständig an: Statt einer »wirklichen« malt er eine emotionale Landschaft mit einem flächigen, räumlich außerordentlich schwer definierbaren Grund, dessen leuchtendes Rot nicht nur starke Gefühlsassoziationen weckt, sondern die Figuren Jakobs und des Engels, entgegen ihrer faktischen Größenordnung, nach vorn zu drängen scheint, so daß sich nicht mehr angeben läßt, wo sie sich genau befinden. Dieser Eindruck wird durch den schräg über das Bild laufenden und gleichsam aus der Bildebene herauswachsenden Baum noch verstärkt. Die am unteren Bildrand gruppierten Frauen schneiden den Betrachter gewissermaßen vom Geschehen ab und verdeutlichen so, daß es sich um ihre Vision handelt, daß ihr Gemütszustand der emotionalen Landschaft den Stempel aufdrückt. Kaum eine schaut, wie sich bei näherem Zusehen zeigt, die ringenden Gestalten direkt an. Die meisten halten die Augen geschlossen und richten ihre Aufmerksamkeit offenbar auf einen irgendwo links von der Erscheinung liegenden Punkt, wodurch hervorgehoben wird, daß diese Teil ihrer inneren Verfassung ist und nichts real Beobachtbares darstellt. Durch all diese Mittel erhält das Bild eine Geschlossenheit und Einheitlichkeit, die es unmöglich machen, zwischen Subjekt und Objekt, Beobachter und Beobachtetem zu unterscheiden.

Im übrigen war Gauguin auch der erste Künstler, der seine Kunst zu leben versuchte – im Gegensatz zu den Impressionisten, die als typische französische Bourgeois Skandale verabscheuten und keinerlei Neigung zeigten, sich von den Lebensgewohnheiten der Allgemeinheit zu distanzieren, und natürlich auch im Gegensatz zu den Akademikern, die sich als erfolgreiche Mitglieder der etablierten Gesellschaft betrachteten. Gauguin hingegen erkannte, daß er, um sein

Leben zum Inhalt seiner Kunst machen zu können, dieses unweigerlich in allem auf seine Kunst beziehen mußte, und so ging er mit manchmal geradezu überscharfem Bewußtsein daran, Rollen für sich zu kreieren und sich abwechselnd als Gauguin, der Maler, der Märtyrer, der Bilderstürmer oder, wohl seine Lieblingsrolle, als wilder Mann der Avantgarde zu gebärden.

Dieses Bestreben, Kunst und Leben zu verschmelzen, ist wohl das eindeutigste Bindeglied zwischen Gauguin und den Malern anderer symbolistischer Stilrichtungen. Wie uns ein Blick auf den Bildteil dieses Buches zeigt, haben wir es nämlich nicht so sehr mit einem bestimmten Stil, als vielmehr mit einer spezifischen Geisteshaltung zu tun, die Künstler unterschiedlicher Herkunft und Schulung trotz abweichender ästhetischer Zielsetzungen miteinander verband. Auch die in der akademischen Tradition ausgebildeten Maler sahen sich in einem Dilemma, wenn auch einem weniger intellektuellen als die Nachfolger der Impressionisten. Jedenfalls erwies sich in den siebziger Jahren klar und deutlich, daß dem akademischen Stil endgültig der ohnehin spärliche Dampf ausgegangen war und die klassischen Themen keinen Hund mehr hinterm Ofen vorlocken konnten. Das aber bedeutete, daß sich Maler, die weder auf die Tatsachenwelt der Impressionisten einschwenken mochten noch auch die visionäre Kraft und den Mut eines Gauguin besaßen, anderweitig nach einigermaßen einprägsamen und geheimnisträchtigen Bildmotiven umsehen mußten. Dabei kam ihnen das wachsende Interesse am Okkulten zustatten, dessen Wogen nicht zuletzt durch die exotischen Spekulationen eines Eliphas Levi und durch die mit Madame Blavatskys Auftauchen in der Gesellschaft modisch gewordene östliche Gedankenwelt hochgeschwemmt worden waren. Wie nicht anders zu erwarten, fühlten sich die meisten Künstler von den gröberen, spektakuläreren Erscheinungen angesprochen. Unterstützt wurde dieser Trend noch durch die einige Jahre zuvor von Baudelaire und Gautier eingeleitete Mode, Drogen, gewöhnlich Opium oder Haschisch, zu nehmen.

Diese Möglichkeit, sich dem trivialen Alltag des technisierten Lebens zu entziehen, war ebenso einfach wie verlokkend. Gauguin, der sein eigenes Gemüt als Quellenmaterial benutzte, brauchte lediglich »er selbst zu werden«, um seine Rolle auszufüllen. Die Okkultisten dagegen, die weder den tieferen Sinn solchen Rollenspiels durchschauten noch auch eine fix und fertige okkulte Gesellschaft vorfanden, in der sie hätten leben können, mußten sich ihre eigene Welt erst aufbauen. Das Ergebnis war der Salon de la Rose-Croix, der von einer der kuriosesten Gestalten der Kunstgeschichte, dem Schriftsteller und selbsternannten Großmeister des Rosenkreuzer-Ordens, »Sâr« Péladan, geführt wurde.

Heute wäre dieser Mann nicht sonderlich aufgefallen – man würde in ihm den Guru einer kleinen, amulettbehangenen und bärtigen Jüngerschar sehen, der unverständliche Untergrundzeitungen herausbringt. Aber im Paris der achtziger Jahre, das bereits unter dem Ansturm der Wagnerschen Musik taumelte und begierig nach allem griff, was die erstickende Monotonie des Lebens aufzulockern versprach, begrüßten ihn manche geradezu als Retter und Erlöser. Seine Bücher, darunter ein so gut wie unverständlicher erotischer Roman mit dem Titel *Le Vice suprême*, erfreuten sich größter Beliebtheit und lockten Scharen von jungen Malern und Schriftstellern an. Offenbar konnte Péladan ihnen genau das vermitteln, was sie brauchten, nämlich ein fertiges System, das sie der beschwerlichen Aufgabe enthob, sich ihr eigenes aufzubauen. In seiner Nachfolge brauchten sie lediglich wallende Gewänder zu tragen, an sonderbaren Riten teilzunehmen und möglichst unbegreifliche und aufsehenerregende Bilder zu malen.

Doch trotz des schrulligen Vorstandes darf man den Salon de la Rose-Croix nicht schlichtweg als lächerlich abtun. Die tragende Idee der hier propagierten Kunstauffassung hatte viele begabte Maler, darunter auch Gauguin sowie die Literaten Stéphane Mallarmé, Paul Verlaine und den weniger bedeutenden J. K. Huysmans, angezogen. Sie waren von der Idee fasziniert, daß die Aufgabe der Kunst nicht darin bestehe, das auf der Hand Liegende zu definieren, sondern vielmehr das Undefinierbare zu beschwören. Anders gesagt, nach dieser Auffassung sollte sich die Kunst eher mit Ideen als mit dem Alltag befassen und zwar mit Ideen, die der menschlichen Phantasie und nicht den moribunden Träumen der Akademie entsprangen. Hierin lag wohl der stärkste Antrieb für das damalige künstlerische Schaffen – im übrigen eine Auffassung, deren Auswirkungen der Kunst des 20. Jahrhunderts erheblich zu schaffen machen sollte.

Ganz offensichtlich waren Gauguins Methoden allzusehr auf ihn selbst zugeschnitten und die Péladans allzu ausgefallen und exotisch, um ein breiteres Publikum anzusprechen. Mit anderen Worten, die Zeit war mehr oder minder reif für die Entwicklung eines umfassenderen Stils, der das kunstliebende Publikum einbezog, ohne es zur Aufgabe seiner gewohnten Lebensweise zu nötigen. Das aber bedeutete, daß es sich nicht um einen neuen Mal- oder plastischen Darstellungsstil, sondern nur um angewandte Kunst handeln konnte, bietet doch einzig sie der Allgemeinheit die Chance, eine bestimmte Idee in ihren Lebensstil zu übernehmen. So anspruchsvoll nämlich die im wesentlichen statische Beziehung zwischen Bildbesitzer und Bild ist, soviel Zeit und Geduld sie erfordert, so einleuchtend und befriedigend ist der *Gebrauch* von Kunstwerken, ob es sich nun um bedruckte Stoffe, Bücher, Porzellan oder Glas handelt. Und da es vielen Symbolisten weniger um Probleme des Bildermalens als um die Entwicklung eines Lebensstils zu tun war, mußte sich die nächste Phase logischerweise mit der Anwendung der Kunst aufs Leben befassen. So ist der Jugendstil gleichzeitig die legitime Fortführung des Symbolismus und eine Reaktion gegen diesen – Fortführung, da er die vom Symbolismus angeschnittenen stilistischen Fragen weiterverfolgte, und Reaktion, weil er den Akzent von der Privatsphäre auf die Öffentlichkeit verschob.

Gauguin und der Symbolismus

Angesichts der kaum zu bewältigenden Aufgabe, eine so vielseitige Bewegung wie den Symbolismus zu beschreiben, wählen die Autoren gern drastische Vergleiche. So spricht etwa Philippe Jullian, der Hauptverteidiger der Richtung, von einem Spaziergang durch einen riesigen Wald, bei dem jede Lichtung, jeder Pfad einen anderen Aspekt der Bewegung darstellt oder, überzeugender, von einem Besuch in einem Museum mit verschiedenen Fluchten ineinandergehender Räume. Ich nun möchte statt dessen lieber von einem großen, etwas fremdartigen Bahnhof sprechen, in dem Bahnlinien aus allen Teilen der Kunstlandschaft zusammenlaufen und teils hier enden, teils aber auch zu anderen Bahnhöfen namens Expressionismus, abstrakte Malerei und Surrealismus weitergehen. Symbolismus und Jugendstil wären praktisch ein Doppelbahnhof mit einer Anzahl unterschiedlicher Bahnsteige, so dem sonnigen, nicht sehr überlaufenen Bahnsteig Gauguin oder dem in tiefem Schatten liegenden Bahnsteig Rose-Croix mit seinem Zug mit den roten Plüschsitzen, den alchimistischen Getränken im Speisewagen und dem eigenen guten Geschmack als Fahrkarte. Einige wenige Reisende steigen aus dem auf dem akademischen Bahnsteig eingelaufenen Zug zu, dessen Passagiere samt und sonders das Kreuz der Ehrenlegion und Zylinder zu tragen scheinen. Im übrigen dürften beide Züge nicht allzuweit fahren. Dazwischen kommt der Präraffaelitenzug aus England mit dem bis zum Jugendstil durchgehenden Kurswagen Arts und Crafts herein, und am äußersten nördlichen Ende der Station wartet Munch, in sich gekehrt, auf Strindberg, der sich wie gewöhnlich verspätet. Doch welches Bild man auch bevorzugen mag, Hauptsache, es bringt die Vorstellung vieler gesonderter, eine Zeitlang zumindest parallel, wenn schon nicht zusammenlaufender Einzelstränge zum Ausdruck, denn nur so läßt sich vermeiden, daß man die vielen verschiedenen Stilformen des Symbolismus auf einen Nenner bringen oder sich einen Weg durch den Dschungel seiner vielfältig verschlungenen Entwicklungslinien bahnen muß.

Wenn man die Beschreibung der einzelnen Künstler und ihrer gegenseitigen Beziehungen auch nahezu an jedem beliebigen Punkt aufnehmen könnte, bietet sich doch Gauguins Werk als besonders geeigneter Ausgangspunkt an; zwar sind seine Werke später entstanden als manch andere der hier aufgenommenen Arbeiten, aber Gauguin war auch fraglos der konsequenteste und scharfsinnigste Denker des Symbolismus.

1883 gab Gauguin seine Stellung an der Börse auf, um sich ganz der Kunst zu widmen – ein Entschluß, der zwei Jahre später zum Scheitern seiner Ehe führte. War er bis zu diesem Zeitpunkt eine Art Sonntagsmaler gewesen, der sich in der von seinem Freund Camille Pissarro übernommenen impressionistischen Manier versucht hatte, so erkannte er, sobald er sich gänzlich der Kunst verschrieben hatte, daß der Impressionismus für sein entschiedenes künstlerisches Wollen wohl kaum der geeignete Stil sein konnte. Diese Entdeckung stellte ihn vor ein Problem, das er erst 1888 nach einem Besuch auf Martinique, wo er Geschmack an leuchtenden Farben fand, zu lösen vermochte. Im Bewußtsein, daß sich ein Mensch von seinem verzehrenden Erlebnishunger unmöglich mit der Schilderung des Alltagslebens begnügen konnte, und gleichzeitig voller Abneigung gegen die von der Akademie noch immer künstlich am Leben erhaltene klassische Mythologie, kehrte er der »Zivilisation« kurz entschlossen den Rücken, um sich auf der Suche nach dem Ursprünglichen, Unverfälschten in der rückständigsten Gegend Frankreichs niederzulassen – für heutige Begriffe nichts Ausgefallenes, für die damalige Zeit jedoch eine ausgesprochen radikale Idee. In England holten sich die Präraffaeliten ihre Inspirationen aus der Vergangenheit, da sie ihnen erhabener und schöner vorkam als die Gegenwart. Gauguin dagegen ging es weniger um Schönheit als um Kraft; er suchte nach einer Kultur, in der Ideen noch mehr gefühlsmäßig erlebt als intellektuell durchgespielt wurden und fand sie in der Bretagne, wo aufgrund des keltischen Erbes noch immer eine gewisse Andersartigkeit vorhanden war.

So ließ sich Gauguin mit dem jungen Maler Emile Bernard, der diesen Teil Frankreichs vorgeschlagen hatte, in Pont-Aven an der bretonischen Küste nieder, wo sie gemeinsam einen neuen Malstil, den sogenannten Synthetismus, entwickelten. Als sich die beiden einige Jahre später im Streit trennten (Gauguin hat sich zeitlebens nach spätestens zwei, drei Jahren mit seinen Freunden überworfen), behauptete Bernard, der eigentliche Erfinder des neuen Stils zu sein, den Gauguin lediglich kopiert habe. Doch von wem das erste Bild dieser Art auch stammen mag, die theoretischen

Grundlagen jedenfalls hat zweifellos Gauguin geliefert. Man vergleiche nur einmal, wie naiv sich Bernards Bretagnebilder bei allem dekorativen Reiz neben Gauguins *Vision nach der Predigt* ausnehmen. Bernard meisterte zwar wohl die wesentlichen optischen, nicht aber die ästhetisch-philosophischen Voraussetzungen des neuen Stils. Dennoch profitierte auch der stets debattierfreudige, allem Neuen aufgeschlossene Gauguin von der Gegenwart des Jüngeren. Gauguin liebte es, Streitgespräche mit von ihm bewunderten Künstlern zu führen und so seine Theorien immer wieder zu überprüfen. Dies führte auch zu der allerdings tragisch endenden Bekanntschaft mit Vincent van Gogh, dessen Bedeutung er – Beweis für die Sicherheit seines Blicks – damals fast als einziger erkannte.

Zwischen beiden entspann sich ein reger Briefwechsel. Aber während sich Gauguin mit Behagen über seine Theorien verbreitete, machte es van Gogh ausgesprochene Mühe, seinen persönlicheren Malstil zu erklären. Zudem fürchtete er, allzusehr in den Bannkreis der stärkeren Persönlichkeit zu geraten, weshalb er sich auch eilends von dem Bild distanzierte, das er auf Gauguins Veranlassung nicht nach der Natur, sondern aus der Vorstellung gemalt hatte. Dieses Werk steht innerhalb seines Schaffens dem Symbolismus am nächsten, dessen Methode, durch Verzerrung der »realen« Landschaft die eigenen Gefühle zum Ausdruck zu bringen, er zwar ebenfalls anwendete, dessen anderes wesentliches Element – die Bezugnahme auf eine unabhängige Idee – ihm aber vollständig abging. Seine Bilder sind immer Direktschilderungen, während die Gauguins einen über das vordergründige Sujet hinausreichenden Symbolgehalt aufweisen.

Ein anschauliches Beispiel für diese Symbolträchtigkeit liefert das für van Gogh gemalte Selbstporträt, das Gauguin in Anlehnung an Victor Hugos Roman über einen ausgestoßenen, von der Gesellschaft unbarmherzig verfolgten Mann *Les Misérables* nannte. Seine Einstellung zur Malerei und zu sich selbst als Maler geht deutlich aus einem Brief an Bernard hervor, in dem er dieses Bild folgendermaßen beschreibt:

»Wiewohl abstrakt bis zur gänzlichen Unverständlichkeit,

halte ich es doch für einen meiner besten Versuche... Der Kopf eines Banditen, eines Jean Valjean [der Hauptheld aus *Les Misérables*], gleichsam die Verkörperung des verachteten impressionistischen Malers, der ebenfalls für immer unter den Ketten der Welt ächzt. Der Entwurf äußerst eigenwillig, da gänzlich abstrakt. Augen, Nase, Mund gleichen Blüten auf einem Perserteppich und verkörpern die symbolische Seite. Die Farbe ist naturfern; stell dir eine bunt zusammengewürfelte Ansammlung von Tonwaren vor, die alle beim Brennen verzogen worden sind! Geflammte Rot- und Violettöne, einem wild brennenden Ofen vergleichbar, die von den Augen, dem Ort, wo der Maler seine inneren Kämpfe austrägt, ausstrahlen. Und das Ganze vor einem chromgelben Hintergrund mit naiven Blumensträußchen. Das Zimmer eines unschuldigen jungen Mädchens. Ein Impressionist, der noch nicht durch den schmutzigen Kuß der Académie des Beaux-Arts befleckt worden ist.«

Gauguin bezeichnet sich also bei aller Gegnerschaft zum Impressionismus mangels einer treffenderen Etikettierung selbst als Impressionist (die wirklichen Vertreter dieser Richtung hätten freilich eine solch romantische Beschreibung des Künstlers gewiß weit von sich gewiesen). Darüber hinaus enthüllt dieser Brief auch Gauguins Einstellung zu Symbolen. Offensichtlich benutzt er Farben und Zeichen ihrer assoziativen Wirkung und nicht ihrer konkreten Aussage wegen. Zwar würden wir heute die Tapete im Hintergrund wohl kaum mit dem Zimmer eines unschuldigen jungen Mädchens in Zusammenhang bringen, aber doch zugestehen, daß sie etwas Naives an sich hat. Gauguin war klug genug, den Betrachter nicht mit der Nase in die Symbole zu stoßen, ein psychologisches Fingerspitzengefühl, das ihn vor den meisten anderen Symbolisten auszeichnet. Wie nicht anders zu erwarten, übte ein Mann von einer solch starken Persönlichkeit einen beträchtlichen Einfluß auf seine Umgebung aus, so u. a. auf Bernard, Maurice Denis, Paul Sérusier und Charles Filiger, die alle eine »bretonische« Periode durchmachten. Denis und Bernard schwärmten für das einfache Leben in der Bretagne und wählten es als Sujet für ihre Bilder, die so ihrerseits zusehends einfacher wurden. Sie arbeiteten wie Gauguin mit großen Farbflächen, ja, sie wagten sich im Bereich der dekorativen Abstraktion zuweilen noch weiter vor als der Meister, aber sie hatten weder die philosophische Substanz und die psychologische Einsicht, die die wesentliche Grundlage von Gauguins künstlerischem Schaffen bildeten. Wo es ihm gelang, die für diesen Teil Frankreichs kennzeichnende Intensität des religiösen Empfindens einzufangen, zeigten sie nur die Buntheit des bretonischen Lebens.

7 Anders Filiger, ein tiefreligiöser und wegen seiner Homosexualität von Schuldgefühlen geplagter Mann, der wohl die Frömmigkeit der Bauern darzustellen vermochte, aber nicht entfernt an Gauguins ästhetische Kühnheit heranreichte. Statt eine eigene Malweise zu entwickeln, polierte er lieber alte auf. In seiner Vorliebe für die Maler der Vorrenaissance, insbesondere für Giotto und die Schule von Siena, ähnelte er den Präraffeliten.

Am deutlichsten macht sich das Lehrer-Schüler-Verhältnis bei Paul Sérusier bemerkbar, der, nicht nur Maler, sondern auch Theoretiker und Schriftsteller, für Einflüsse von außen höchst aufgeschlossen, neue Theorien wie Löschpapier aufsaugte und durch seine Schriften mehr hervortrat als durch seine Bilder – mit einer sonderbaren Ausnahme:
dem auf eine Zigarrenkiste gemalten, in reichen Farben
5 glühenden *Talisman*. Dieses Bild entstand unter recht kuriosen Umständen, nämlich auf Anweisung Gauguins, der buchstäblich zur Rechten des Malers stand und ihm entsprechende Anweisungen gab. »Welche Farbe«, fragte er, »hat dieser Baum?« »Gelb«, antwortete Sérusier. »Dann nimm Gelb.« Und Sérusier drückte Gelb aus der Tube. Das Produkt dieser praktischen Lektion nahm er mit nach Paris zurück, um es seinen Freunden zu zeigen, selbst nicht ganz sicher, von wem es nun eigentlich stammte. Nun dürfte es zwar unbestreitbar von seiner Hand sein. Da er aber nie wieder etwas auch nur annähernd so Gutes zuwege brachte, sollte man wohl doch Gauguin als den wahren Urheber betrachten und darin einen weiteren Beweis seiner ungewöhnlichen Kraft sehen.

Natürlich versetzte Gauguins Abreise seine Anhänger in Ratlosigkeit und Verwirrung. Einige blieben in der Bretagne und gerieten allmählich in Vergessenheit, andere kehrten nach Paris zurück, um sich unter neuen Fittichen zu verkriechen. Die meisten schlossen sich der Nabi-Bewegung an, einer lockeren Künstlervereinigung mit hohen theoretischen Idealen (»Nabi« bedeutet im Hebräischen »Prophet«), der u. a. Maurice Denis, Sérusier, Pierre Bonnard, Edouard Vuillard und Paul Ranson angehörten. Wie bei einer ästhetisch so heterogenen Gruppe nicht anders zu erwarten, brachten die Nabis nie einen einheitlichen Stil zustande. So haben etwa die sorgfältig beobachteten bürgerlichen Interieurs eines Vuillard mit Gemälden wie Maurice Denis' *April* so gut wie nichts gemein.

8 Das letztgenannte Werk ist insofern aufschlußreich, als es den in seiner Themenwahl den Symbolisten nahestehenden, in der Malweise jedoch an Gauguin geschulten und damit den symbolistischen Praktiken abholden Denis auf dem Weg zum Jugendstil zeigt. Die Stärke des Bildes liegt in der Anordnung der kurvenreichen Arabesken, angefangen vom Weg bis hin zur Vegetation im Vordergrund. Das durch die Bildmitte verlaufende gerade Geländer ist als Gegengewicht zu den fließenden Formen gedacht, wirkt jedoch ausgesprochen unbeholfen. Und was den Gefühlsgehalt angeht, so begnügt sich Denis mit einer Andeutung von Stimmung. Die nächste Generation geht dann noch einen Schritt weiter – sie lehnt jeglichen symbolistischen Gehalt ab und behält in Anlehnung an Illustratoren und Designer wie Eu-

6 gène Grasset nur noch die dekorative Linienführung bei. Doch ehe wir uns endgültig von der Bretagne ab- und der zivilisierten Dekadenz von Paris zuwenden, zieht noch ein

10 sonderbares Werk unsere Aufmerksamkeit auf sich: *Unsere Liebe Frau von Penmarc'h* von Lévy-Dhurmer, einem Künstler, der sich in verschiedenen symbolistischen Stilrichtungen versuchte. Mit seiner fast gekünstelt naiven Figurenanordnung und dem verwirrend realistischen Ausdruck der Gesichter könnte dieses Bild jederzeit während der letzten hundert Jahre entstanden sein, obwohl es sich in seiner Eigenart jedem Vergleich entzieht. Daß ein zweitrangiger Maler ein Werk von so erstaunlicher Frische schaffen konnte, ist bezeichnend für den Symbolismus, der wie sein Nachfolger, der Surrealismus (und im Gegensatz

zu systematischeren Kunstrichtungen), das geeignete kulturelle Klima für die Entfaltung solcher Talente bot. Lévy-Dhurmer experimentierte, wie gesagt, mit den unterschiedlichsten symbolistischen Stilmöglichkeiten und erwies sich in allen als könnerischer Eklektiker. So zeigen

9   seine dekorativen, auf Holz gemalten Sumpfvögel mit ihren schimmernden, an Whistler oder den späten Monet erinnernden Farbschleiern eine eigene Einstellung zur Malerei. Wenn Wagner für die Symbolisten die Hauptquelle musikalischer Inspiration darstellte, so korrespondierte dieses Werk mit Skrjabins chromatischen Landschaften.

Gauguin führte unterdessen seine Suche nach dem Primitiven, Ursprünglichen bis zur äußersten logischen Konsequenz fort. Wohl wissend, wo das Kernproblem des Symbolismus lag – daß es nämlich unmöglich war, ein geheimnisträchtiges Bild mit archetypischem Sinngehalt zu malen, solange man die Traditionen der französischen Malerei des 19. Jahrhunderts im Marschgepäck trug –, kehrte er 1891, just zu dem Zeitpunkt, als die von ihm entwickelten stilistischen Neuerungen in die Breite zu wirken begannen, Frankreich den Rücken und schiffte sich nach der Südsee ein. Er hatte, um mit einem späteren Schriftsteller zu sprechen, erkannt, daß man »an einer einstürzenden Mauer kein Streichholz anzünden kann« und fühlte sich trotz seines Aufenthalts in der Bretagne noch immer von der Zivilisation behindert und eingeengt.

Endlich auf Tahiti, mußte er allerdings feststellen, daß die alte Kultur der Inselwelt durch die westliche Kolonialzivilisation inzwischen weitgehend zerstört und von der erhofften unbeschwerten Lebensart nicht mehr viel zu spüren war, eine Enttäuschung, über die ihm nur die selbstgewählte Rolle weghelfen konnte. Sie allein verlieh ihm die Kraft, das, wie sich jetzt zeigte, nur in seiner Phantasie existierende Paradies dennoch unverzagt zu malen.

12   Wie *Manao Tupapau*, ein typisches Werk dieser Periode, beweist, bleibt er im wesentlichen seinem in der Bretagne entwickelten Stil treu. Das Bild, dessen Titel man mit »Gedenken an den Totengeist« wiedergeben könnte, stellt ein von einem geisterhaften Wesen heimgesuchtes junges Mädchen dar, wobei die Erscheinung, wie Gauguin in seiner

Beschreibung betont, nur in der Phantasie des Mädchens existiert.

Nachdem er diesen Punkt klargestellt hat, fährt er fort: »Sie liegt auf einem Lager, über das ein blauer Paréo (Gewand der Eingeborenenfrauen auf Tahiti) und ein chromgelbes Tuch gebreitet sind. Der rötlichviolette Hintergrund ist mit Blumen übersät, die elektrischen Funken gleichen, und neben dem Bett steht eine sonderbare Gestalt. Den Paréo habe ich als Unterlage genommen, da er im Leben der Eingeborenenfrauen eine ungeheuer wichtige Rolle spielt. Das Tuch darüber muß gelb sein, da diese Farbe den Betrachter überrascht und die Illusion einer Szene im Lampenlicht erzeugt, wodurch sich die Vorspiegelung von Lampenlicht erübrigt. Der Hintergrund soll leicht bedrohlich wirken, wozu sich Violett perfekt eignet. Damit ist der musikalische Teil des Bildes komplett.«

Interessant in diesem Zusammenhang die Verwendung des Wortes »musikalisch«. In der Literatur hatten Dichter wie Verlaine und Mallarmé eine Annäherung an die Musik gefordert, weil sie davon überzeugt waren, daß die Dichtung nur durch Abkehr vom normalen Wortgebrauch Stimmungslagen wirklich symbolhaft auszudrücken vermöge. In der Malerei glückte eine entsprechende Befreiung der Bildersprache nur wenigen. Gauguin dagegen begriff sehr wohl, daß sich durch Loslösung der Farbe und Form von ihrer rein beschreibenden Funktion ein durchaus ähnliches Ergebnis wie im symbolistischen Vers erzielen ließ, d. h. seine Bilder geben nicht Symbole wieder, sie *sind* Symbole. Auf Tahiti ging es mit ihm spürbar bergab. Verarmt, seit Mitte der neunziger Jahre an Syphilis erkrankt, mit seinen Landsleuten zerstritten und fast völlig vereinsamt, siedelte er auf eine noch primitivere Insel über, wo sich seine Lage jedoch auch nicht besserte. Er erwog sogar, nach Frankreich zurückzukehren, unterließ es dann aber auf Anraten seiner Freunde, die ihn davor warnten, daß er sich durch Abkehr von den exotischen Themen, denen er immerhin gelegentlich den Verkauf eines Bildes verdankte, um die letzten spärlichen Einnahmequellen bringen würde. In seiner Verzweiflung unternahm er 1897 einen Selbstmordversuch, der ihm jedoch, wie alles Praktische, mißlang.

Paul Gauguin (1848–1903), *Manao Tupapau (Sie denkt an den Geist)*, um 1892. Holzschnitt, 20,3 × 36,2 cm.

Kurz vor diesem Schritt malte er sein größtes Bild mit dem Titel *Woher kommen wir? Wer sind wir? Wohin gehen wir?*, das in seinen eigenen Augen sein Testament und Vermächtnis war und das zugleich, sofern man die symbolistische Bewegung unter einem breiteren Blickwinkel betrachtet, als das Meisterwerk dieser Kunstströmung angesehen werden kann. Man muß es von rechts nach links lesen, von den beiden Frauen in der rechten unteren Ecke, die reine Lebensfreude verkörpern, über den Mann, der die Frucht (vom Baum der Erkenntnis) pflückt, bis zu dem Idol, das die Suche des Menschen nach dem Unbekannten versinnbildlicht. Außerdem sind vom Säugling bis zum Greis alle Lebensstadien dargestellt. Trotzdem liegt der Symbolgehalt des Werks nicht offen zutage (Gauguin wußte sehr wohl, daß ein allzu eindeutiges Symbol seine Überzeugungskraft verliert), wodurch sich viele Deutungsmöglichkeiten anbieten. Zum einen ist es pessimistisch, da es keine einleuchtende Antwort auf die im Titel angeschnittenen Fragen gibt. Zum anderen ist es in seinem Farben- und Formenreichtum optimistisch und demonstriert vierzig Jahre vor Wittgenstein, daß die Frage die Antwort *ist*, d. h., daß die bildhafte Realisierung die Lösung des gestellten Problems enthält.

Mit dieser nahtlosen Verschmelzung von Form und Gehalt stand Gauguin zu seiner Zeit allerdings ziemlich allein auf weiter Flur. In diesem Punkt war er durchaus kein typischer Vertreter des Symbolismus, dessen durchgängigstes Stilmerkmal nach heutiger Auffassung gerade die Diskordanz zwischen beiden Elementen bildet. Aber obwohl Gauguin durch seine geniale Begabung weit herausragt, verbanden ihn mit den übrigen Malern der Bewegung doch auch mancherlei Gemeinsamkeiten, wobei er nicht nur seinerseits eine starke Wirkung ausübte (so namentlich auf den Künstlerkreis, der sich in der Bretagne um ihn scharte), sondern auch selbst einiges von anderen Malern übernahm, u. a. von Puvis de Chavannes.

Unter allen symbolistischen Malern spricht Puvis den modernen Geschmack wohl am wenigsten an. Angesichts der grauen Einförmigkeit seiner Kompositionen, des bewußten Verzichts auf alles Aufregende und der zahllosen klassisch gewandeten Maiden (denn wenn je ein Maler »Maiden« und nicht Mädchen malte, so er), können wir heute die Verehrung, die ihm viele seiner malenden Zeitgenossen entgegenbrachten, nicht mehr recht verstehen. Dennoch bleibt Tatsache, daß ihn so verschiedenartige Künstler wie Gauguin, Seurat und Aristide Maillol bewunderten und die Nabis ihn gar zu ihrem Paten erhoben.

Gerade die Neutralität aber, die uns den Zugang zu seinen Werken so erschwert, machte seinen Ruhm aus. Wir dürfen nämlich nicht vergessen, daß die heute dank der Minimal Art durchaus geläufige Ästhetik der Neutralität und die von der Hardedge-Malerei her bekannten Effekte einer gleich intensiven Behandlung aller Leinwandpartien in den siebziger Jahren des vorigen Jahrhunderts, als Puvis auf dem Höhepunkt seines Schaffens stand, schlichtweg revolutionär waren. Das Hauptanliegen der akademischen Malerei bestand im wesentlichen darin, einen einzelnen Moment durch dramatische Beleuchtung à la Hollywood glanzvoll herauszustellen. Die Impressionisten hatten zwar schon eine »ganzheitliche« Ästhetik entwickelt, die jedem Teil der Darstellung gleiches Gewicht beimaß, konnten aber, da sie fast ausschließlich nach der Natur arbeiteten, ihre Entdeckung nur bei kleinen Staffeleibildern verwirklichen.

Puvis dagegen war es nicht um Naturnachahmung zu tun; ihm ging es vielmehr um großformatige dekorative Entwürfe, die er mittels gleichmäßig getönter, im Prinzip unräumlich wirkender Farbflächen realisierte. Er wollte mehr eine allgemeine Stimmungslage andeuten als einen besonderen Augenblick darstellen. Dementsprechend befinden sich seine Figuren fast durchweg im Zustand der Ruhe oder doch nur minimaler Bewegung. So schaut etwa die heilige Genoveva, die Heldin eines großen Wandzyklus für das Panthéon, auf einem der Bilder vom Balkon auf Paris hinunter. Wo ein anderer vermutlich einen Vorfall aus ihrem Leben geschildert hätte, bringt Puvis also den umfassenderen Zusammenhang, die Beziehung der Schutzpatronin zu ihrer Stadt, zum Ausdruck und betreibt, wenn man so sagen darf, eine abstrakt-gegenständliche Malerei.

Gelegentlich versuchte er sich allerdings auch in gefühlsbetonteren Szenen wie in dem Werk *Der arme Fischer*, einem besonders von Seurat bewunderten Werk, der die spezifische Farbgebung in viele seiner eigenen Bilder übernahm. Aber obgleich auch dieses Gemälde mit seinem einförmig grauen Ton und dem Verzicht auf jede faßbare Handlung keinerlei Zugeständnis an das Lustprinzip enthält, läßt es den Beschauer doch nicht mehr los. Wie J. K. Huysmans, ein eifriger Verfechter des Symbolismus, schreibt: »Es ist trocken, streng und von der gewohnten geziert-naiven Steifheit. Ich kann angesichts dieses öden, durch Aufopferung der Farbe zugunsten der Linie bewirkten Zerrbildes biblischer Größe nur die Schultern zucken – und fühle mich trotz allen Abscheus, der in mir aufsteigt, wenn ich davorstehe, dennoch, kaum habe ich ihm den Rücken gewandt, magisch zu ihm hingezogen.«

Eine durchaus verständliche Reaktion, hat doch gerade die Unbeholfenheit dieses Bildes etwas merkwürdig Ergreifendes. Die abfallenden Linien von Küste und Mast stören den Betrachter auf, lassen die ganze Landschaft unzuverlässig, bedrohlich erscheinen, während andererseits durch die plane Festigkeit der gemalten Oberfläche ein Anflug von

Klaustrophobie entsteht. Die Figuren scheinen reglos, gleichsam in linkisch-unausgewogenen Posen erstarrt. So hat man, obwohl das Mädchen im Hintergrund eindeutig agiert, keinen Augenblick lang das Gefühl, als vollziehe sich hier irgendein greifbares Ereignis, sondern empfindet das Ganze eher als allgemeine Aussage. Alles in allem zählt *Der arme Fischer* zu den verwirrendsten Bildern einer Bewegung, die es nicht ungern darauf anlegte, Verwirrung zu stiften, nur daß hier auf das Drum und Dran verzichtet wird, das sonst für symbolistische Arbeiten so kennzeichnend ist.

Wie seine Bilder war auch der Einfluß von Puvis eher allgemein als spezifisch. Das läßt sich z. B. an Seurat beobachten, der allerdings nicht mehr zu den hier behandelten Malern gehört; oder an Gauguin, der wie Puvis, wenn auch farbig unvergleichlich anspruchsvoller, eine flächige Malweise bevorzugte; oder an Maurice Denis, der beispielsweise in seinem *April* Puvis' Methode übernahm, die Bildkomposition durch weißgewandete Mädchen zu gliedern; oder an dem Schweizer Ferdinand Hodler, der bei seinen großen dekorativen Entwürfen die Farbe ebenfalls gern flächig auftrug. Dieser für seine (oft stark an Puvis erinnernden) Figurenkompositionen und für seine Bergbilder bekannte Künstler stellte die Alpen, ein altes Lieblingssujet der Maler, nicht mehr in der bis dahin üblichen dramatischen Art und Weise dar, er hob die Berge nicht mehr durch vereinzelte Sonnenstrahlen heraus, sondern suchte mit einer neutraleren Technik allen Teilen des Bildes gleiches Gewicht zu geben. Das Ergebnis ist leicht und locker, hat aber keinen fixierten Blickpunkt und zeigt deutlich, daß es Hodler nicht, wie den meisten Malern vor ihm, um Lichteffekte in den Bergen, sondern um die Berge selbst ging, die durch die neutrale Behandlung eine geradezu metaphysische Aussagekraft erlangen.

Moreau und Redon

Völlig anders als Puvis schwelgt Gustave Moreau, die andere große Vaterfigur des Symbolismus, in reichen, schwingenden Farben. Seine Karriere begann, wie damals üblich, im Salon, wo er sich mit Gemälden wie *Ödipus und Sphinx* einen Namen machte, Werken, in denen sich Figurenmalerei Ingresscher Prägung mit einer an Puvis erinnernden Farbgebung verbindet. Wie dieser ist Moreau bestrebt, sich von den anekdotischen Zügen des Akademismus zu befreien. Er stellt seine Gestalten weniger in Aktion als im Augenblick der Konfrontation dar. So zeigt *Herkules und die Lernäische Schlange* den Helden vor dem Kampf, von dem Ungeheuer durch ein Meer von Leichen getrennt, wodurch sich auf dem Bild eine bei akademischen Gemälden seltene dichte Stille ausbreitet. Doch Moreaus eigentliche Interessen liegen, wie die vorbereitende Skizze beweist, auf einem anderen Gebiet – nämlich in der Differenzierung der Farbgebung, so daß sich nur schwer sagen läßt, wo das eine Bildelement endet und das nächste beginnt.

1870 gab Moreau seine vielversprechende offizielle Karriere unvermittelt auf und stellte nicht mehr aus. »Er ist ein Einsiedler«, sagte Degas leicht gehässig über ihn, »der den Fahrplan auswendig kennt«, und tatsächlich war Moreau über den neuesten Stand der Entwicklung in der Malerei stets genauestens informiert. Diese Aufgeschlossenheit machte ihn zum besten Lehrer im damaligen Paris. Er zählte so unterschiedliche, dem Kunstlehrbetrieb ihrer Zeit sonst gänzlich abgeneigte Maler wie Henri Matisse, Albert Marquet und Georges Rouault zu seinen Schülern.

Während der Zeit seiner Zurückgezogenheit konzentrierte sich Moreau auf Aquarelle und Ölskizzen. Wie Gauguin von der Notwendigkeit einer neuen Bildersprache überzeugt, fand er eine in vielem noch aufregendere, wenn auch bis zum heutigen Tag umstrittene Lösung. Statt seine Komposition systematisch aus Farbflächen aufzubauen, begann er die gemalte Oberfläche selbst zu erforschen. Ihm schwebte vor, eine bildnerische Entsprechung zur reichen suggestiven Metaphorik eines Baudelaire oder Mallarmé zu finden, die er beide ungemein bewunderte. Dabei entwickelte er einen aufgelockerten Malstil und schuf durch einen dicken Farbauftrag gewissermaßen Farbereignisse, die die Prinzipien des abstrakten Expressionismus vorwegnahmen. In der Tat können es die »Farbstudien«, die er gegen Ende seines Lebens malte, trotz wesentlich kleineren Formats, mit den besten Werken eines Willem de Kooning und Franz Kline aufnehmen.

Als Moreau dann wieder öffentlich ausstellte, war ein deutlicher Wandel erkennbar. Hatte er vordem die Farbe glatt aufgetragen und alle Details akkurat ausgeführt, so überzog er nun die Leinwand mit einer dicken Farbschicht und arbeitete mit deutlich sichtbaren Pinselstrichen farbverkrustete Oberflächen. Die Bilder lösten eine Sensation aus, wurden aber im Gegensatz zu den stilistisch vielfach zurückhaltenderen Werken der Impressionisten nicht geschmäht und herabgesetzt, da sie sich in den Augen des breiten Publikums durch ihre Thematik eindeutig als Kunst ausweisen: *Jakobs Kampf mit dem Engel*, *Der sinnende David* und immer wieder *Salome*, für Moreau und Schriftsteller wie Mallarmé und Huysmans *die* Symbolfigur der Zeit. Verdorben und unschuldig, exotisch und sinnlich, verführerisch und gefährlich zugleich, verkörperte sie für die Symbolisten das Bild der Frau, ein Bild, das in der romantischen Poesie zum Klischee erstarrt war. So hat sie auch Moreau, der das Thema in verschiedenen Versionen behandelte, mit Vorliebe dargestellt, wie sie in einem schwach erleuchteten Tempel fast nackt vor Herodes tanzt. Diese Salomebilder nahm sich Huysmans in seinem 1886 erschienenen Roman *A rebours* (»Gegen den Strich«) zur Vorlage. Sein Held, ein langweiliger Ästhet namens Des Esseintes, umgibt sich mit »evokativen Kunstwerken, die ihn in eine unbekannte Welt entführen, den Weg zu neuen Möglichkeiten weisen und sein Nervensystem durch gelehrte Phantasien, verwickelte Alpträume und einschmeichelnd unheilvolle Visionen aufrütteln«. Das Glanzstück dieser Sammlung von Werken Moreaus, Redons und Rodolphe Bresdins bildet Moreaus *Salome*, deren Beschreibung bei Huysmans einen beträchtlichen Raum einnimmt. Um einen Eindruck vom Stil dieses Buchs zu vermitteln, im folgenden ein kurzer Auszug:

»Mit dem Ausdruck feierlicher Entrückung, ja, fast schon erhabener Größe beginnt sie ihren lasziven Tanz, der die schlafenden Sinne des betagten Herodes wecken soll; ihre Brüste heben und senken sich, die Brustwarzen erstarren unter der Berührung der wirbelnden Halsketten, die Gehänge aus Diamant glitzern auf der feuchten Haut; die Armbänder, Gürtel, Ringe, alles sprüht feurige Funken; und unter dem perlenübersäten, silber- und golddurchwirkten Triumphgewand scheint diese Rüstung aus Juwelen, dieser Kettenpanzer aus Edelsteinen wie kleine feurige Schlangen aufzuflammen, die über das mattschimmernde Fleisch, über die teerosenfarbene Haut schwärmen gleich prächtigen Insekten mit schillernden Flügeldecken, karminrot und blaßgelb getupft, stahlblau gesprenkelt, pfauengrün gestreift.«

Die Stelle wie überhaupt die Rolle, die Huysmans diesem und ähnlichen Bildern in seinem Buch zuweist, zeigt, wie literarisch die in Symbolistenkreisen gängige Kunstinterpretation im Grunde war. Allerdings bringt Huysmans, auch wenn es ihm bis zu einem gewissen Grad gelingt, den Reichtum des Bildes einzufangen, zu viel an eigenen Theorien und Vorurteilen herein, um als objektiver Kritiker gelten zu können; so ist es eigentlich schlicht lächerlich, dem Salomebild erotisch-alptraumhafte Züge anzudichten. Selbst wenn Moreau die unterbewußt-mythischen Erfahrungsebenen hätte ansprechen wollen – eine im übrigen keineswegs beweisbare Unterstellung –, zeichnen sich seine Bilder doch in erster Linie durch ihren unschuldigen Charme aus. Seine Gestalten erinnern mehr an die Helden mittelalterlicher Romanzen als an Chimären aus dem Reich des Schlafes, wie die einander kontinuierlich überlagernden Farbarabesken auch eher eine von positiven Kräften erfüllte Welt als das negative, dekadente Ende einer Kultur beschwören, das Huysmans aus ihnen ablesen will.

18 Alles in allem jedoch bleibt Moreaus Werk widersprüchlich und im Vergleich zum künstlerischen Schaffen eines Gauguin letztlich unbefriedigend. Die heiratsfähigen jungen Mädchen, die er so gern darstellt, fügen sich nicht recht in das nahezu abstrakte Umfeld, ja, man gewinnt angesichts dieser Bilder fast den Eindruck, Moreau habe das Werkzeug der Abstraktion zwar entdeckt, dann aber nichts Rechtes damit anzufangen gewußt. Als Maler neigte Moreau zum impressionistischen Stil, als Mann von Kultur aber blieb er dem Salon und der erschöpften Thematik der Mythologie

verhaftet. Nur in seinen besten Werken wie den Salome-darstellungen ist es ihm geglückt, diese beiden Komponenten wirklich miteinander auszusöhnen und so Bilder von erregender Schönheit zu schaffen. Außerdem öffnet uns seine Kunst die Augen für die neue, von Malern wie Gauguin gefundene Synthese. Er selbst freilich genügt solch hohen Ansprüchen nicht; dennoch ist er einer befriedigenden Lösung weit näher gekommen als die meisten anderen Maler des Salons de la Rose-Croix.

Auch der andere bedeutende symbolistische Künstler, Odilon Redon, war ein Einzelgänger und bewahrte seine Selbständigkeit, obwohl ihn die Maler, die durch Gauguins Abreise nach Tahiti ihres Helden beraubt worden waren, als Vorbild verehrten. Im übrigen blieb sein Einfluß gering, da seine Kunstauffassung allzu persönliche und private Züge hatte.

Redon gehörte zu jenen vom Glück Begünstigten, die im rechten Moment die rechten Leute kennenlernen. So liefen ihm just zu dem Zeitpunkt, als er sein Leben der Kunst zu weihen beschloß, zwei Männer über den Weg, die einen tiefgreifenden Einfluß auf ihn ausüben sollten: der Botaniker Clavand, der sich auf das Gebiet der Mikroskopie spezialisiert hatte, und Rodolphe Bresdin, ein Meister der Lithographie und des Holzschnitts, dessen gesamtes Œuvre sich auf Schwarzweiß-Graphik beschränkt. Dieser Mann gilt heute als einer der bedeutenden Vorläufer des Symbolismus, und auf seinen Einfluß dürfte es auch zurückzuführen sein, daß Redon in den ersten zwanzig Jahren seiner Künstlerlaufbahn keine Farbe anrührte. Von ihm übernahm Redon die Vorliebe für ausgefallene Themen und das genaue Eingehen auf Details, und von Clavand und den sonderbaren Bildern, die er durch dessen Mikroskop sah, ließ er sich auf den Weg der schöpferisch-imaginativen Kunst führen.

Redons Werk läßt sich in zwei Abschnitte gliedern: die frühe Schwarzweiß-Periode mit Zeichnungen und Lithographien und die spätere Farbperiode. Waren bis vor kurzem hauptsächlich die Werke aus der Spätzeit bekannt, so zeichnet sich neuerdings die Tendenz ab, das Frühwerk für wichtiger zu halten. Gewiß sind die Bilder des Spätwerks

Rodolphe Bresdin (1825–85), *Der gute Samariter*, 1861. Lithographie, 78 × 63 cm.

mit ihrem lockeren Farbauftrag oft von bestechender Schönheit. Typisch für diese Periode sind die Blumen, Zeugen seines nicht nachlassenden Interesses an der Welt der Natur, und die an Moreau erinnernde Behandlung der Figuren. Redons *Pandora* mag in gewisser Hinsicht dem klassischen Akt näherstehen als Moreaus mittelalterlich anmutende Gestalten, doch zeigt sie denselben Gebrauch dick aufgetragener Farbe und eine reiche Farbgebung, die mit einer zeichnerisch sorgfältigen Figurenwiedergabe verbunden ist. Aber so reizvoll und duftig diese späten Bilder auch sein mögen, der Schwung der frühen Werke fehlt ihnen doch.

Das vielleicht interessanteste von Redons Gemälden, das 1904 nach Gauguins Tod gemalte *Bildnis Gauguins*, zeigt den Künstler mit idealisiertem Profil vor einem prächtigen, eher abstrakten, mit Blumenformen übersäten Hintergrund. Redon, der den Kollegen seit langem bewundert und häufig mit ihm korrespondiert hatte, gibt in seinem Kommentar zu Gauguins Werk auch Aufschluß über die besondere Darstellungsweise seines eigenen Gauguinbildnisses: »Über alles aber liebe ich seine prächtigen, königlichen Keramiken, mit denen er wahrhaft neue Kunstformen geschaffen hat. Ich vergleiche sie immer mit Blumen, die man an einem unbekannten Ort findet und von denen jede einer anderen Gattung anzugehören scheint, wobei es den nachfolgenden Künstlern überlassen bleibt, sie ihren jeweiligen Familien zuzuordnen.« Das Porträt ist demnach also wohl dem Keramiker Gauguin gewidmet und soll mit seinen glühenden Farben an Töpferglasuren erinnern.

Viel deutlicher jedoch tritt Redons eigentliche Begabung in seinen frühen Schwarzweiß-Graphiken hervor. Offensichtlich war bei ihm der Zugang zum Unterbewußten in keiner Weise blockiert – jedenfalls haben seine Darstellungen nichts Verquältes an sich, nichts von der gewollten Perversität, die für einen Großteil der symbolistischen Kunst so kennzeichnend ist. Blumen mit Gesichtern, boshaft grinsende Spinnen, Skelette, die irgendwie gleichzeitig auch an Bäume erinnern: Themen aus der Welt der Träume, mit meisterhafter Technik unmittelbar zu Papier gebracht. Trotzdem hat sein Werk nichts Unkontrolliertes an sich, sondern wirkt stets beabsichtigt und überlegt. Nicht selten wird der optische Eindruck noch durch einen an ein kleines Gedicht erinnernden Titel unterstrichen: *Gleich einem unheimlichen Ballon treibt das Auge in die Unendlichkeit; Der Odem des Windes durchzieht gleichermaßen der Menschen Brust und die Sphären;* oder *Mit seinen schwachen Schwingen vermochte sich das Tier nicht in jene schwarzen Räume zu erheben.* Im übrigen sind diese Titel, wie die symbolistische Dichtung insgesamt, keineswegs einfach zu übersetzen, da die Worte nicht nur als Sinnträger, sondern auch ihres Klanges wegen gewählt werden. Der letztzitierte Titel z. B. lautet auf französisch: *L'aile impuissante n'éleva point la bête en ces noires espaces.* Typisch für Redons Schwarzweiß-Werk ist *Die Sumpfblume, ein trauriges menschliches Haupt.* Wie so oft ist hier der Hintergrund undurchdringlich dunkel. Der von der Pflanze herabhängende Kopf scheint sein eigenes Licht zu verbreiten, erhellt aber nur einen kleinen Bezirk. Eine Erklärung wird außer dem geheimnisvollen Titel nicht geliefert. Mallarmé, der das Werk ungemein bewunderte, schrieb darüber an Redon: »Dieses Traumhaupt, diese Sumpfblume, enthüllt mit einer nur ihr selbst bewußten, nicht in Worte zu fassenden Klarheit all die tragischen Irrtümer der gewöhnlichen Existenz. Nicht minder bewundere ich den Titel, der, wiewohl nur aus ein paar Worten geschaffen, doch deutlich zeigt, wie tief Sie in den Kern Ihres Themas eingedrungen sind.«

Huysmans erwähnt Redons Werk zwar im selben Atemzug wie das Moreaus, stellt aber bezeichnenderweise fest, daß es sich im Gegensatz zu diesem für effektvolle Bildbeschreibungen nicht eignet. Offensichtlich ist es zu zurückhaltend, zu sehr dem rein Optischen verhaftet – zwei Züge, durch die es sich vom typischen Symbolismus merklich unterscheidet.

Die Maler des Salons de la Rose-Croix

Gauguin, Moreau und Redon waren unbestreitbar Maler von großer Originalität und beachtlichem Niveau, die selbst dann noch an ihrer Sicht festhielten, wenn sie sie in die Isolation führte. Verglichen mit ihren Bildern, die stets den Eindruck einer nahtlosen Verschmelzung von ästhetischer Problemstellung und optischer Lösung vermitteln, mangelt es den Werken der meisten übrigen Symbolisten sowohl an Qualität als auch an Originalität. Sie scheinen nach einer Art Patentrezept gefertigt und lassen im Beschauer den unabweisbaren Verdacht aufsteigen, die Idee müsse der Bildvorstellung wohl einen Schritt vorausgeeilt sein.

Die bekannteste Symbolistengruppe, der Salon de la Rose-Croix, hatte sich die Schriften Edgar Allan Poes zur Bibel erkoren, der von der Dichtkunst sagt: »Ihr einziger Schiedsrichter ist der Geschmack, da ihre Beziehungen zu Intellekt und Gewissen belanglos sind. Ihr geht es nicht um Pflicht oder Wahrheit, es sei denn rein zufällig.« Wobei Poe unter Geschmack nicht notwendig guten oder schlechten Geschmack verstand, sondern vielmehr zum Ausdruck bringen wollte, daß ein Kunstwerk mehr nach seinen ästhetischen Qualitäten (und damit auch nach seiner Kraft, die Phantasie des Betrachters anzuregen) als nach seinem moralischen Gehalt beurteilt werden solle. Vor allem aber fühlten sich die französischen Symbolisten von Poes Thematik angezogen, den Spukschlössern und nekrophilen Helden. Sie stellten die Frauen oft wie er als schöne, aber verdorbene Geschöpfe dar, unter deren makelloser Haut sich stinkender Morast verbirgt.

Außer Poe genossen im Salon de la Rose-Croix besonders Wagner wegen seiner Technik, die Themen mit übermäßigen Septimen bis zur Unerträglichkeit zu steigern, sowie Baudelaire, Mallarmé und Verlaine, die in der Poesie ähnliche Möglichkeiten erprobten, hohes Ansehen. In der Malerei schätzten die Symbolisten zwar vor allem den akademischen Stil, ließen sich aber in der Themenwahl auch stark von Künstlern wie Böcklin beeinflussen, dessen Werke, namentlich die Allegorien über Leben und Tod, sich ungeheurer Beliebtheit erfreuten. Ähnlich wie man heute, um up to date zu sein, einen Hockney besitzen muß, so gehörte es damals zum guten Ton, in seinem Heim einen Stich der *Toteninsel* hängen zu haben. Und wenn auch Böcklins gedämpfte Farbigkeit und die klassischen Posen seiner Fi-

21

Odilon Redon (1840–1916), *Die Sumpfblume, ein trauriges menschliches Haupt*, 1885. Kohlezeichnung auf Papier, 49 × 33 cm. Rijksmuseum Kröller-Müller, Otterlo.

guren den Künstlern des Rosenkreuzerzirkels, denen Berauschenderes vorschwebte, etwas fad erschien, zählt er doch unbestreitbar zu den Wegbereitern der symbolistischen Malerei.

Einen gewissen Einfluß übten auch die englischen Präraffaeliten aus, von denen später noch ausführlicher die Rede sein soll; für den Augenblick mag der Hinweis auf die verblüffende Ähnlichkeit zwischen Rossettis religiös-ekstatischen Motiven und der vielfach geradezu orgastischen Selbstbezogenheit der von den französischen Symbolisten dargestellten Figuren genügen. Dies beweist, wie sehr die Künstler beidseits des Ärmelkanals nach Mitteln und Wegen suchten, statt wirklicher Begebenheiten Ideen darzustellen.

Die extremste Richtung innerhalb des Salons de la Rose-Croix repräsentieren Jean Delvilles Bilder mit ihrem stark satanischen Einschlag. Delville, der über eine phänomenale Zeichentechnik verfügte und keine künstlerischen Hemmungen kannte, ging erotische Themen mit einer Entschiedenheit an, vor der vermutlich selbst unsere wenig komplexgeplagten Künstler zurückschrecken würden. So zeigt z. B. seine Zeichnung *Idol der Perversion* eine fast völlig nackte Figur von der Leistengegend an aufwärts mit idealisierten Brüsten von unwirklicher Fülle und Straffheit und unglaublich vollen Lippen – eine Phantasiegestalt, der heute stilistisch am ehesten die Geschöpfe des amerikanischen Pin-up-Künstlers Vargas nahekommen, nur daß die Vargas-Girls unvergleichlich anheimelnder wirken.

Das große Ölbild *Satans Schätze*, ein weiterer Beweis für Delvilles raffiniertes Umgehen mit optischen Effekten, kombiniert Präzision der Darstellung mit einem so intensiv glühenden Rot, daß die Bildmitte geradezu zu vibrieren scheint. Man glaubt in einen Feuerstrom zu schauen und die Gestalten darin sich winden zu sehen. Die zur Arabeske stilisierten Satansflügel (falls es sich tatsächlich darum handelt) sind so auf die Spitze getrieben wie das Rot und reißen das Auge in einen sinnverwirrenden Wirbel hinein. Kurzum, es ist unmöglich, sich der Wirkung des Werks völlig zu entziehen.

Über die Einstufung derartiger Gemälde sind sich nicht ein-

Jean Delville (1867–1953), *Idol der Perversion*, 1891. Zeichnung, 98 × 56 cm. Galleria del Levante, München.

mal die für die Kunst des 19. Jahrhunderts zuständigen Wissenschaftler einig. Kein Wunder, wenn man bedenkt, daß die Kunstentwicklung in den letzten hundert Jahren ganz andere Wege ging und die gewohnten Maßstäbe der Beurteilung bei dieser Art Symbolismus daher notwendig versagen. Wir können ihn nicht einfach »schlecht« nennen wie André Derains Spätwerk im Vergleich zu seinen früheren Arbeiten, da der Symbolismus völlig andere Ziele verfolgte als die Hauptrichtung der modernen Kunst. Malern wie Delville ging es offensichtlich weniger um objektive Kunst als vielmehr darum, im Betrachter eine starke Reaktion auszulösen. Doch selbst darüber können wir nicht viel sagen, da wir, die Diskrepanz zwischen Intention und Resultat bewußt genießend, natürlich ganz anders auf diese Darstellungen reagieren als das Publikum in den neunziger Jahren des vorigen Jahrhunderts.

So kommen uns viele Bilder der französischen Symbolisten absurd und zumindest ungereimt vor. Points *Sirene* und Séons *Verzweiflung der Chimäre* z. B. verwenden einen raffinierten Umgang mit Farbe und Pinsel bei einer lächerlichen Hauptfigur. An und für sich weist Séons Bild eine gekonnte Komposition auf: Die nachdrücklich betonte Vertikale der Klippe bringt etwas merkwürdig Ungesichertes herein, und die kühlen Farben tragen dazu bei, die Landschaft emotional aufzuladen. Unseligerweise jedoch geht die Darstellung der Chimäre selbst entschieden über des Künstlers Kräfte. Im Gegensatz zu den Dichtern der Zeit, die gleichfalls ein Faible für Chimären zeigten, sich aber auf die Tragfähigkeit des poetisch-beunruhigenden Wortes selbst verlassen und daher mit Andeutungen begnügen konnten, mußten die Maler Farbe bekennen, und der Versuch, auf den Pfaden der Dichter zu wandeln, hat nicht nur Séon auf Abwege geführt: Seine Chimäre scheint sich nach einem Literatentee verlaufen zu haben und mehr die mißratenen belegten Brote zu beklagen als den allgemeinen Klagegesang archetypischer Verzweiflung anzustimmen. Doch ehrgeizig wie die symbolistischen Maler nun einmal waren, suchten sie unermüdlich nach dem einen schlagenden Bild, der Metapher, die den Schlüssel zum menschlichen Sein liefern konnte. Léon Frédérics *Der See – das schlafende Wasser* kommt diesem Ziel ziemlich nahe, ein recht erstaunliches, auf den ersten Blick rein sentimental anmutendes Machwerk, das sich aber bei eingehenderer Betrachtung als ziemlich verwirrend erweist, und zwar nicht zuletzt, weil die exakt beobachteten schlafenden Kinder und die buchstäblich über ihnen schwebenden Schwäne auf keinen Mittelpunkt hin zentriert sind und damit dem Ganzen einen zugleich spezifischen und allgemeinen Charakter verleihen.

Typisch für die einem breiteren Publikum zugänglichen Machwerke der symbolistischen Bewegung wie die Produkte des Salons de la Rose-Croix ist ein ungebrochenes Selbstvertrauen. Zweifel und Zögern, auf die man im Werk der wirklich Großen so häufig stößt, sind diesen Arbeiten, die im Namen einer verborgenen Wahrheit mit bewußten Mitteln gegen den konventionellen Lebensstil angehen, völlig fremd. Ja, es gehört geradezu zum Kernstück der von dieser symbolistischen Richtung vertretenen Ästhetik, aus der Kunst jede Spur von Unsicherheit und Suche nach dem Selbst, wie sie in den Werken Gauguins und selbst noch eines Moreau präsent sind, zu verbannen. Damit aber haftet diesen Bildern etwas »Synthetisches« in dem Sinne an, in dem Miß Welt eher eine synthetische als eine wirkliche Frau verkörpert. Sie zeigen keinerlei Spuren harter Arbeit oder künstlerischen Ringens, sondern erwecken den Eindruck, mühelos, gewissermaßen im Zustand der Vollkommenheit, entstanden zu sein.

Dieser Zug tritt besonders deutlich bei den religiösen Bildern hervor. Hatten sich Maler wie Delville an Satanismus und Perversion berauscht, so bot die römisch-katholische Religion mit ihren süßlich-sentimentalen Aspekten Bildmöglichkeiten von ähnlicher emotionaler Gewichtigkeit und zudem den (obendrein noch verkaufswirksamen) Vorteil der Respektabilität. Spezialist auf diesem Gebiet war der mit dem Salon de la Rose-Croix verbundene Carlos Schwabe, dessen liebevoll ins einzelne gehende, an die Frührenaissance erinnernde Bilder in vielem den Einfluß der englischen Präraffaeliten verraten. Doch so stark Schwabe gewöhnlich im Detail ist, so schwach war er im großen und ganzen in der Gesamtkomposition. So kommt

die Anordnung der im einzelnen vortrefflich beobachteten
35 Lilien auf seiner *Maria mit den Lilien* einer Himmelsroll-
treppe peinlich nahe – eine allzu direkte Anspielung, die
die gesamte Bildatmosphäre zerstört. Dasselbe gilt letztlich
26 auch für *Tod und Totengräber*, ein beinahe geglücktes
Werk: Die senkrecht herabhängenden Zweige der Trauer-
weide bringen die beabsichtigte Stimmung recht gut zum
Ausdruck, die Farbe des Engels ist glücklich gewählt, und
die Idee, den alten Mann von den Schwingen umfangen
werden zu lassen, hat etwas sonderbar Rührendes. Doch
angesichts der Aufgabe, die Reaktion des Totengräbers zu
zeigen, eines Menschen aus Fleisch und Blut, der sich plötzlich vor eine irreale Situation gestellt sieht, versagt Schwabe
dann. Die Geste ist zu gröblich, erinnert zu sehr ans Ka-
sperltheater, um zu überzeugen, und schon erfaßt uns ein
ganz anderes Vergnügen, nämlich Erheiterung über die
Diskrepanz zwischen Intention und Realisierung – ein
Schicksal, das heute so manchem symbolistischen Bildwerk
blüht.

Der europäische Symbolismus

Mag es strittig sein, ob man Maler wie den Belgier James
Ensor und den Norweger Edvard Munch zu den Symbolisten zählen darf, unbestreitbar ist, daß ihr Werk im selben
Klima entstanden ist, vom selben Impetus getragen wird,
dieselbe Verwendung traumhafter Bilder und Verzerrun-
gen aufweist wie der Symbolismus. So dürfte sich Ensor,
so originell sein heftiger Pinselstrich auch sein mag, mit
der Erschließung seiner eigenen Vorstellungswelt ohne
Gauguin und Redon wohl gar nicht so leicht getan haben.
In seinen gelegentlich ans Psychopathische gehenden Visionen verwendet er eine reiche Skala fast süßlicher, dick
aufgetragener Farben zur Darstellung von Bildern der Ent-
fremdung, wo alle Gesichter zu Masken erstarren und alle
31 Wege in die Hölle führen. Sein *Selbstbildnis mit Masken*
zeigt den Künstler, dessen Augen als einzige nicht gänzlich
leer wirken, inmitten eines Heers grinsender Fratzen. Doch
vielfach malte er auch ganz nach der Vorstellung und be-

handelte Themen wie den *Fall der aufrührerischen Engel*, auf dem das Höllenfeuer fast dickflüssig glüht. »Kein Licht, sondern eher sichtbares Dunkel«, sagt Milton über die Hölle – eine Auffassung, die Ensor zweifellos eingeleuchtet hätte.

Stürzte sich Ensor kopfüber in seinen Alptraum, so tastete sich der andere große nordeuropäische Maler dieser Zeit, Edvard Munch, Schritt für Schritt an seine Bildvisionen heran, um sich ihnen dann allerdings noch bedingungsloser auszuliefern. In den Werken seiner Lehr- und Wanderjahre versuchte er, den Stil der Impressionisten, den er zum erstenmal 1885 in Paris kennen- und schätzengelernt hatte, mit seiner eigenen düsteren Weltsicht zu verbinden. Das Ergebnis war nicht immer glücklich, und so nimmt es nicht wunder, daß er nach seiner Rückkehr nach Paris für Gauguins Einfluß reif war. Er war bereit, sich von ihm den Weg aus der Tatsachenwelt des Impressionismus in die überhöhte Welt der Symbole zeigen zu lassen.

Doch Munch besaß nicht Gauguins eiserne Selbstzucht. Er war viel zu sehr von inneren Spannungen zerrissen, um den systematischen Farbauftrag und Pinselstrich des Franzosen ohne weiteres übernehmen zu können, und so erinnern seine ersten bedeutenden Werke auch weniger an Gauguin als an van Gogh, mit dem ihn möglicherweise auch eine gewisse nördliche Mentalität verband. Jedenfalls zeigt *Der Schrei*, wohl Munchs ausdrucksvollstes Werk aus dieser Periode, die für van Gogh so typischen fließenden Formen von Himmel und Landschaft, nur daß Munch den Niederländer hier an Intensität und Heftigkeit noch übertrifft. Das auslösende Erlebnis schildert er selbst so:

»Ich ging mit zwei Freunden bei Sonnenuntergang eine Straße entlang, von einer leichten Melancholie erfüllt, als sich der Himmel mit einemmal blutrot färbte. Ich blieb stehen, lehnte mich todmüde gegen das Geländer und schaute in die flammenden Wolken, die wie Blut und Schwert über dem blauschwarzen Fjord und der Stadt hingen. Meine Freunde gingen weiter, ich aber stand angstzitternd da und spürte, wie ein lauter, nicht enden wollender Schrei die Natur zerriß.«

Dieser Schrei, daran läßt das Bild keinen Zweifel, stammt

27

von der Natur selbst. Die Gestalt auf der Brücke hält sich, während sie den Mund weit aufreißt, mit beiden Händen die Ohren zu, doch in dem Wirbel ringsum muß jeder Laut untergehen. Van Gogh mag ähnlich starke Gefühle durchlebt haben, empfand dafür aber in seinen lichten Momenten auch die glühende Pracht der Schöpfung und vermochte es, sofern er überhaupt zum Malen imstande war, beide Faktoren gegeneinander aufzuwiegen und sich – darin alles andere als ein Symbolist – durch die Beschreibung der Außenwelt auszudrücken. Munch dagegen fand keinerlei Erleichterung von seiner Apokalypse und war daher genötigt, nach einer Methode zur Verallgemeinerung seiner Qualen, mit anderen Worten, nach Symbolen zu suchen. Die Beschäftigung mit Gauguin lehrte ihn zweierlei – einmal den Umgang mit dem Holzschnitt, einem Medium, das Gauguin virtuos beherrschte, und zum anderen die auf der Holzschnittpraxis fußende Verwendung großer Farbflächen. Damit gelang es ihm, sich von der wilden Heftigkeit solcher Werke wie *Der Schrei* zu lösen und seine Visionen beherrschter auszudrücken. Wo ehedem alle Bildelemente in einer einzigen Kraftaufwallung ineinanderzuschießen schienen, werden jetzt die Figuren herausgehoben und isoliert; im Gegensatz zu der noch immer fließenden Bewegung der Landschaft gleichsam in Reglosigkeit erstarrt, wirken sie wie passive Zuschauer eines Kräftespiels, das sie weder beeinflussen noch verstehen können.

Stellenweise schimmert etwas Friedliches, Dekoratives durch, und gelegentlich erinnern die Farben und organischen Formen an den Jugendstil und die vielen, im ersten Jahrzehnt unseres Jahrhunderts entstandenen Plakate. Nach dem schweren Nervenzusammenbruch von 1908 und seiner Wiedergenesung verliert Munch dann an Heftigkeit, obwohl er oft auf seine alten Holzschnitte zurückgreift und mit neuen, seltsamen Farbkombinationen experimentiert. Es ist aufschlußreich, Munch mit den französischen Symbolisten, besonders mit den Vertretern der dekadenteren Richtung, zu vergleichen. Auch sie bedienen sich weitgehend der Bilder: Tod, Frau als Vampir, Wahnsinn, zwielichtiges junges Mädchen. Doch vermögen sie ihnen kein rechtes Leben einzuhauchen. Munch dagegen, der den Mut aufbringt, seine Technik vom Gefühl diktieren zu lassen, dringt jeweils bis zum Kern seines Themas vor und setzt so alle in ihm verborgenen Kräfte frei. Und ein weiterer Unterschied liegt darin, daß wohl viele der französischen Symbolisten den allgemeinen Kulturverfall spürten, aber nur wenige willens oder imstande waren, diesen Prozeß an sich selbst, in ihrem eigenen Denken zu verfolgen, während Munch in diesem Punkt gar keine andere Wahl blieb. An dieser Stelle sollen kurz auch einige Künstler erwähnt werden, die man gewöhnlich nicht zu den Symbolisten zählt, da ihr Werk wesentlich andere Züge trägt. Da der Symbolismus jedoch keine Stilrichtung, sondern eine für bildende Künstler, Musiker und Schriftsteller gleichermaßen typische allgemeine Geisteshaltung war, gerieten auch viele im Grunde nicht zugehörige Maler und Bildhauer in den Bannkreis gewisser symbolistischer Ideen, so z. B. Auguste Rodin in seinen erotischen Plastiken, deren gleichsam aus dem steinernen »Hintergrund« herauswachsende und erst nach und nach artikulierten Figuren an Moreau und in manchem sogar an Delville erinnern. Die makellos glatte Haut seiner Akte ist alles andere als eine »realistische« Beschreibung, und die lang ausschwingenden Linien der Körper lassen an Debussy oder Verlaine denken. Ähnlich verhält es sich mit den Werken des italienischen Bildhauers Medardo Rosso. Seine Wachsplastiken scheinen förmlich zu zerschmelzen. Offensichtlich ist er auf demselben Weg zu seiner Technik gelangt wie Moreau zur Auflösung der Farboberfläche – beide gehen von der Voraussetzung aus, daß sich die Welt beständig im Fluß befindet.

Selbst Picasso, dessen kubistisches Werk für den Symbolismus schließlich zum letzten Sargnagel wurde, blieb von den Ideen dieser Strömung nicht gänzlich unberührt. So setzte er in seiner blauen Periode die Farbe eher emotional als beschreibend oder strukturell ein und bevorzugte insgesamt eine Gauguin nicht unähnliche Arbeitsmethode. Seine Gestalten aus dieser Zeit sind mehr Symbole der *condition humaine* als Porträts lebendiger Menschen, und seine Radierung *Saltimbanques* kann gewissermaßen als seine Version von *Woher kommen wir? Wer sind wir? Wohin gehen wir?* gelten. Zwar ist Tahiti durch das Bild des Zirkus er-

Pablo Picasso (1881–1973), *Saltimbanques*, 1905. Radierung,
28,9 × 32,7 cm.

setzt, aber in Intention und Methode erinnert der großzügig
angeordnete, die verschiedenen Lebensalter darstellende
Figurenfries doch unverkennbar an Gauguin.

In Italien wurde der symbolistische Stil in gemäßigter Form
zu dekorativen Zwecken eingesetzt, etwa von Segantini,
der zwar auch die in der damaligen Kunst so beliebten
schmachtenden Damen präsentierte, jedoch im Gegensatz
zur Effekthascherei vieler französischer Symbolisten mitnichten vom Betrachter verlangte, an sie zu glauben oder
sie auch nur sonderlich ernst zu nehmen. Die Betonung
des Linienflusses kündigt, ähnlich wie beim Schweizer Maler Augusto Giacometti, bereits den Jugendstil an. Bei beiden erfüllt die gewandte weibliche Figur eine überwiegend
dekorative Funktion; aber während Giacometti den für den
Jugendstil typischen flächigen Farbauftrag bevorzugt, mo-
delliert Segantini noch Form im Raum.

34

33

44

In seinen bisher besprochenen Erscheinungsformen stellt der Symbolismus im wesentlichen eine kontinental-europäische Erscheinung dar. England, das im Gegensatz zum Festland nie besondere Neigung für exotische Lebensformen gezeigt hatte, fühlte sich bemüßigt, die symbolistischen Ideen von den schlimmsten Auswüchsen zu reinigen und zu verfeinern. Selbst auf dem Höhepunkt des Ästhetizismus in den beiden letzten Jahrzehnten des 19. Jahrhunderts hatte England den dekadenten Kapriolen des Salons de la Rose-Croix nur einen Oscar Wilde und seine weiße Lilie entgegenzusetzen. Bedenkt man freilich, welches Schicksal Wilde von seiten seiner eigenen Landsleute blühte, begreift man eher, warum die britischen Künstler ihre weniger orthodoxen Ansichten wohlweislich für sich behielten.

Den Symbolismus mit englischer Kunst in Zusammenhang zu bringen, heißt sich auf gefährliches Gebiet begeben. Manche lehnen die Anwendung dieses Begriffs auf die englische Malerei überhaupt ab. Dem läßt sich jedoch entgegenhalten, daß beidseits des Ärmelkanals gewisse Ideen florierten, die zwar gewöhnlich in Frankreich auf die Spitze getrieben wurden, die aber interessanterweise nicht selten in England aufgekommen waren.

Das beste Beispiel dafür bietet das Werk der präraffaelitischen Bruderschaft, einer lockeren Künstlervereinigung, die in vielerlei Hinsicht ähnliche Ziele anstrebte wie später der Salon de la Rose-Croix. Beide Gruppen suchten nach einer Alternative zur Entscheidung zwischen Akademismus und Naturalismus, beide bevorzugten Stoffe aus Mythen und Märchen, beide zeigten Interesse für religiöse Themen, beide wollten in ihren Werken eher eine Geisteshaltung zum Ausdruck bringen als ein Ereignis schildern. Von diesem Punkt an allerdings wird es schwierig, den Vergleich fortzuführen, da keine der beiden Gruppen eine festumrissene Einheit bildete.

Die Präraffaeliten lassen sich in drei Lager unterteilen, deren (zeitlich gesehen) erstes im wesentlichen aus den Anführern der präraffaelitischen Bruderschaft von 1848 bestand, zu ihr gehörten Dante Gabriel Rossetti, John Everett Millais, William Holman Hunt und (dem mehr inoffiziellen

Mitglied) Ford Madox Brown. Sie hatten sich das Ziel gesetzt, die Kunst von den komplizierten malerischen Finessen, die ihr seit der Renaissance anhafteten, zu säubern und sie zu der für die Frührenaissance kennzeichnenden Reinheit der Schau und des Stils zurückzuführen. Parallel dazu wirkte eine jüngere Gruppe um William Morris, der u. a. der Maler Edward Burne-Jones und der Keramiker William de Morgan angehörten. Morris teilte Rossettis Abneigung gegen die Kunst der Nachrenaissance, konzentrierte sich aber, da er sich ebensosehr für soziale wie für ästhetische Fragen interessierte, in erster Linie auf das Gebiet der Dekoration und der angewandten Künste, in denen er einen grundlegenden Aspekt der Zivilisation sah. Er übte einen ungeheuren Einfluß aus.

Die dritte Gruppe, eigentlich eher eine Umgruppierung als eine eigene Richtung, setzte sich hauptsächlich aus Rossetti und Burne-Jones zusammen. Rossetti hatte nämlich mittlerweile den eigentlich präraffaelitischen Stil mit seiner Übergenauigkeit und seinem starken Detailteure zugunsten einer lichteren, visionäreren Malerei, die gelegentlich an bestimmte Züge des französischen Symbolismus erinnert, aufgegeben, so in seinem Verkündigungsbild *Ecce Ancilla Domini*. Doch wo es einem Maler wie Schwabe um die Formulierung einer allgemeinen Idee zu tun war, beschäftigte sich Rossetti mit der Psychologie des Augenblicks und zog dadurch den Betrachter viel intensiver in das Geschehen ein als die Machwerke der Rosenkreuzer.

Rossetti war Mystiker, und so spiegeln seine Bilder die innere Erlebniswelt wider, seine ureigensten Erfahrungen, die er – darin Redon und Ensor ähnlich – nur auf seine ganz persönliche Weise ausdrücken konnte.

Dennoch hat sein Werk etwas Blutleeres an sich, als habe er nicht gewagt, der wahren Natur seiner Inspiration ins Gesicht zu sehen, was zuweilen unterdrückte Spannungen fast sexueller Natur hervorruft. Die Figuren auf seinen Bildern erwecken den Eindruck körperlichen Unbehagens, als würden sie vom Dualismus zwischen Geist und Fleisch zerrissen. Solche Gewissensbisse plagen die französischen Maler zwanzig Jahre später freilich wenig, doch dafür erlangen sie auch nur selten die für Rossettis beste Werke so bezeich-

36

Sir Edward Burne-Jones (1833–98), *Reise ins gelobte Vinland*, 1884. Kreide, Skizze für Glasmalerei, 76,9 × 77,2 cm. Carlisle Museum and Art Gallery.

nende psychologische Lebendigkeit. Allerdings haben sich die Engländer in der Kunst noch nie durch die Darstellung der physischen Fakten des Daseins hervorgetan, was auch den bei aller Zartheit leicht unbeholfenen Charakter so vieler Bilder von Rossetti erklären mag.

Trotz visionärer Elemente wirkt Burne-Jones, der nur unter Mühen seine eigene künstlerische Ausdrucksweise entwikkeln konnte, erdgebundener. Im Gegensatz zu Rossetti ein echter Handwerker, experimentierte er mit Vorliebe mit

Medien wie Buntglas und Ton und versuchte sich darüber hinaus auch als Buchillustrator. Gerade diese handwerkliche Vielseitigkeit aber machte es ihm im Verein mit seinen großen kunsthistorischen Kenntnissen schwer, eine eigene Sprache zu finden.

Wie die französischen Symbolisten entnahm Burne-Jones seine Themen gern der Mythologie, interessierte sich aber im Gegensatz zu ihnen nicht für exotische Gottheiten aus dem Osten oder für Chimären aus den trüberen Gewässern der klassischen Mythologie. Schließlich wandte er sich einem ziemlich ausgefallenen Thema zu, das man wohl als seine eigentliche Domäne bezeichnen darf: dem Schlaf. So schlafen die Hauptfiguren auf seinen beiden Meisterwerken, der *Briar-Rose*-Serie über das Dornröschenthema und auf *Arthur in Avalon,* und viele andere seiner Gestalten zeigen große Ähnlichkeit mit Schlafwandlern. Rings um die Schlafenden jedoch wuchert meist eine üppige Vegetation, liegen reichverzierte Gegenstände und Stoffe: Lebensmüdigkeit, ein Lieblingsthema der Franzosen, hatte in der Vorstellungswelt von Burne-Jones keinen Platz. Seine Bilder strahlen vielmehr eine gewisse Immanenz aus und erwecken das Gefühl, daß etwas geschehen wird, und nicht, daß es bereits passiert ist. Unterstrichen wird dieser Eindruck des Beginns durch die von den Gründern der präraffaelitischen Bruderschaft übernommene klare Beobachtung mit ihrer dreidimensionalen Wiedergabe von Dingen und Pflanzen, die jedem Gefühl von Auflösung und Zerfall, wie sie aus so vielen Bildern des französischen Symbolismus sprechen, strikt entgegenwirkt. Der »Weltuntergangsstimmung« ihrer Bilder nach zu schließen, scheinen die französischen Maler ihre Kunst als Endpunkt, als letzte hektische Aufwallung vor dem endgültigen Einbruch der Kulturlosigkeit betrachtet zu haben. Burne-Jones' Werken dagegen haftet nichts dergleichen an – vermutlich wäre ihm der Anhauch von Düsternis und Verhängnis allzu überzogen erschienen.

38, 39

37

Jugendstil

Die Engländer zeigten nie eine Schwäche für Exzesse, schon gar nicht für düstere. So gesehen, mußte der Jugendstil, der ja auch eine Reaktion auf die melancholisch-ominösen Elemente des Symbolismus darstellt, förmlich von diesem Land, d. h. seiner Arts-and-Crafts-Bewegung, ausgehen. Der führende Kopf dieser Bewegung, William Morris, fühlte sich zwar wie die anderen Präraffaeliten von der Kunst des Mittelalters angezogen, aber er gab sich im Gegensatz zu ihnen nicht damit zufrieden, mittelalterlich angehauchte Bilder zu malen, sondern suchte als sozial engagierter Kritiker seiner Zeit die besten Aspekte der mittelalterlichen Gesellschaft neu zu beleben. Besonders wichtig erschien ihm dabei eine Korrektur der Rolle des Künstlers, in dem er nicht mehr ein über der Gesellschaft stehendes Individuum sah, sondern ein aus ihr hervorgegangenes Produkt. Seiner Meinung nach verlor die Kunst in dem Augenblick, in dem sie sich von ihrer dekorativ-funktionellen Basis löste und von den anderen Disziplinen unabhängig machte, auch ihre Hauptaufgabe, die Gesellschaft zu bereichern, und konnte so zum Spielball reicher Mäzene werden.

Dementsprechend setzte Morris alles daran, die Idee der angewandten Künste wiederzubeleben. Während er selbst sich im wesentlichen auf Stoffmuster und Tapeten konzentrierte, gab er doch vielen anderen Handwerkern und Künstlern entscheidende Anregungen. Er kannte das Werk von A. H. Mackmurdo und von dessen Schüler C. A. Voysey, die ähnliche Wege gingen wie er. Doch läßt sich kaum sagen, ob die Künstler einander beeinflußten.

Das besondere Verdienst dieser Wegbereiter der modernen Formgebung lag darin, daß sie den Dekorationsgedanken radikal neu durchdachten. Vor Morris waren die Stoffmuster vielfach dreidimensional und illusionistisch gewesen: Man zeichnete riesige Zentifolienbüschel mit etwas Perspektive und mit Schattierungen, um so die Zweidimensionalität der Flächen von Boden oder Wand überwinden zu können. Morris dagegen entwarf flächige Muster und verzichtete von vornherein auf naturalistische Blumen oder

Vögel, d. h. er verschob den Hauptakzent vom dargestellten Gegenstand auf Farbenreichtum und Linienführung.

Als Inspirationsquelle diente ihm die Kunstgeschichte, der er alles entnahm, was ihm brauchbar erschien, vom mittelalterlichen Wandteppich bis zur Tapete des frühen 17. Jahrhunderts und den orientalischen Mustern – ein Vorgehen, das sich auch seine Umgebung zu eigen machte. William de Morgan, der Keramiker der Gruppe, studierte die islamische und spanisch-maurische Töpferei und entdeckte so die fast völlig in Vergessenheit geratenen Lüstertechniken wieder.

Seit den achtziger Jahren fanden die Erzeugnisse der Arts-and-Crafts-Bewegung bei einer wachsenden Zahl von Kennern regen Absatz. So manches elegante Haus wurde mit Morris-Tapeten und Morris-Stoffen ausgestattet und mit Keramik von de Morgan und Bildern von Burne-Jones stilgerecht komplettiert. Ja, selbst die von den Präraffaeliten propagierte Kleidermode fand den Weg zur Masse, als sich die Idee eines auf Formschönheit bedachten Lebensstils durchsetzte. Denn da die eigentliche Funktion der angewandten Kunst im Gebrauch bestand, konnten auch Nichtkünstler an der Bewegung teilnehmen – ein Prozeß, den wir übrigens Mitte der sechziger Jahre unseres Jahrhunderts mit dem Aufkommen von Pop Art selbst beobachten konnten.

Eine solche Auffassung aber, die die Kunst ganz unmittelbar dem Leben zuordnet, erschließt dem Künstler seinerseits ein weites Betätigungsfeld. War er ehedem derjenige, der Bilder malte oder Plastiken machte, so konnte er nun auch Tapetenmuster entwerfen, Keramik herstellen oder Bücher illustrieren – eine Freiheit, die Künstlern wie Aubrey Beardsley ihre wahre Berufung entdecken half.

Beardsleys eigentliche Begabung lag auf dem graphischen Sektor, und hier wiederum beim Kleinformat. Und da sich seine Technik, große Farbflächen mit feiner Linienführung zu verbinden, vorzüglich für Druckverfahren eignete, fanden seine Darstellungen durch Bücher und Zeitschriften weite Verbreitung. Seine Themen bezog er, ähnlich wie die französischen Symbolisten, aus den düsteren Bereichen von Geschichte und Mythologie. Aber er handelte sie mit einer nur ihm eigenen satirischen Grausamkeit ab. Neigten die französischen Maler dazu, ihr Thema allzu ernst zu nehmen, so gab Beardsley seinem Publikum unmißverständlich zu verstehen, daß seine Haltung in gewisser Hinsicht nur Pose war. Das wiederum erlaubte ihm, auf die zeitgenössischen Sitten anzuspielen und so die für einen Großteil der Werke des Salons de la Rose-Croix so bezeichnende Lebensferne zu vermeiden. Auf dem Kontinent kam ihm an Pfiff und galliger Bösartigkeit bestenfalls noch ein Félicien Rops gleich.

Beide Richtungen aber, die Arts-and-Crafts-Bewegung um Morris wie die ästhetische Bewegung um Beardsley, waren vergangenheitsbezogen, während es in Wirklichkeit darum ging, unabhängige neue Ideen zu entwickeln. Als diese Konzeption dann schließlich auftauchte, manifestierte sie sich in einem Land, in dem man sie am wenigsten erwartet hätte – in Schottland.

Charles Rennie Mackintosh war ein gebürtiger Glasgower und schuf auch seine wichtigsten Arbeiten in dieser Stadt. Wie nicht anders zu erwarten, ignorierten die Engländer seine Ideen völlig und überließen es den Österreichern, sie aufzugreifen und in ganz Europa zu verbreiten. Obwohl sich Mackintosh in erster Linie als Architekt hervortat und somit außerhalb des hier behandelten Themas liegt, ist er für uns doch insofern von Interesse, als seine Vorstellungen und Methoden sämtliche Künste beeinflußten. So besonders seine Idee, die Formgebung dürfe nicht willkürlich aufgeklebtes Schönheitspflaster sein, sondern müsse sich harmonisch aus der Funktion herleiten. Er selbst entwarf seine Bauten von innen nach außen: Er ließ die Form natürlich aus der Funktion hervorgehen und wandte sich, wo er stilistische Anregungen für Detail und Dekoration benötigte, dem natürlichsten und ursprünglichsten aller Stile zu, dem Organischen.

Nun waren organische Strukturen in der Kunst an sich nichts Neues. Die sogenannte primitive Kunst ist reich an Formen des natürlichen Wachstums, die sich auch in der Gotik in Hülle und Fülle nachweisen lassen. Seit der Renaissance jedoch war die Kunst mehr vom Thema und dem Darstellungsstil her aufgefaßt worden, und es sollte bis zu unserer Jahrhundertwende dauern, bis sich die Künstler wieder den natürlichen Formen zuwandten.

Dabei entdeckten sie eine Arbeitsmethode, die die »Stilprobleme«, mit denen sich die Symbolisten herumgeschlagen hatten, aufs einfachste löste. Die Schwierigkeit, sich erst etwas auszudenken und dann nach einer geeigneten stilistischen Ausdrucksform zu suchen, entfiel, da Künstler und Designer den organischen Stil buchstäblich auf alles anwenden konnten. Es handelte sich um eine radikal neue Idee, Ausdruck hierfür sind nicht zuletzt auch die Bezeichnungen »Jugendstil« oder »Art Nouveau«.

Schauen wir uns daraufhin einmal die für den »Mackintosh-Stil« recht aufschlußreiche zweiteilige Glastür zu den Willow Tea Rooms in Glasgow an, die in einen gleichfalls von Mackintosh entworfenen Raum führt, also Teil einer in sich geschlossenen Gesamtkonzeption ist. Die Tür selbst erinnert an die keltische Kunst, die mit Vorliebe Pflanzenformen verwandte, und ist, darin gleichfalls der keltischen Kunst verwandt, abstrakt gehalten. Die beiden Flügel weisen keinerlei bildhafte Darstellungen auf, sondern wirken allein durch Farbe, Licht und Linienspiel: Die erwünschte Stimmung wird ausschließlich durch die Schönheit des Entwurfs erzielt. Gewisse, für Mackintosh spezifische Motive tauchen auf: die stilisierte Rosenform und die langen, stengelähnlichen Metallstäbe. Besucher, die durch diese Tür den »Room de luxe« betraten, mußten geradezu den Eindruck gewinnen, in ein ästhetisches Experiment einbezogen worden zu sein. Was sich im übrigen durchaus mit dem Genuß des Teetrinkens vereinbaren ließ.

Mackintoshs dekorative Ungezwungenheit muß nach der düsteren Exotik der Symbolisten wie eine Befreiung gewirkt haben, und tatsächlich breitete sich der Mackintosh-Stil in Windeseile aus, erfaßte zunächst die Wiener Sezession und griff dann auf Holland über, das allerdings bereits einen eigenständigen Jugendstil entwickelt hatte. In Wien zeigt vor allem das Werk des Malers Gustav Klimt, der ziemlich freimütig konzipierte Figuren mit fast abstrakt gemusterten Flächen verband, den Einfluß von Mackintoshs reiner Ornamentik. So tritt auf einem Bild wie *Der Kuß* das psychologische Element gegenüber der Robe des Mannes, dem eigentlichen Thema, fast völlig in den Hintergrund, während *Danae* den Betrachter durch die verquälte Haltung der Aktfigur veranlaßt, die Darstellung als flächiges Muster zu sehen. Zwar trägt das Gesicht des Mädchens noch den bei den Symbolisten so beliebten Ausdruck erotischer Selbstversenkung, doch ist dieser Aspekt im Vergleich zur starken Wirkung der Ornamente nahezu belanglos: Das Bild erscheint als plane, von flachen Mulden durchsetzte Fläche, als Nebeneinander zwei- und dreidimensionaler Formen.

Klimt selbst sah sich, wie sein Werk schon vermuten läßt, in erster Linie als Wandmaler, und tatsächlich eignete sich der Jugendstil aufgrund seiner Flächigkeit wesentlich besser für dekorative Zwecke als für Staffeleibilder, deren es im Vergleich zur ungeheuren Fülle an dekorativen Entwürfen und Gebrauchsgegenständen auch nur verschwindend wenige gibt.

In Holland allerdings setzten sich die Künstler doch mit den Problemen der Jugendstilmalerei auseinander und entwickelten dabei einen von der französischen und der österreichischen Schule unabhängigen Stil, der möglicherweise sogar Mackintosh beeinflußte und die um das Heilige, Mystische kreisende Thematik des Symbolismus mit den flächigen Arabesken des Jugendstils verband. Als Vermittler fungierte das damals noch zum niederländischen Kolonialreich gehörende Java, dessen Einfluß sich anhand von Jan Toorops Werk, der mit javanischen Stockpuppen arbeitete, mühelos nachweisen läßt.

Toorop, selbst in Java aufgewachsen, verstand die Exotik, die im französischen Symbolismus so oft rein oberflächliche Attitüde blieb, wirklich zu integrieren. Sein Meisterwerk,

Die drei Bräute, ein Bild von erregend uneuropäischem Charakter, ist zwar in seiner Thematik spürbar der westlichen Tradition verhaftet, weist aber in Stil und philosophischem Gehalt in eine völlig andere Richtung.

Das Bild zeigt drei Aspekte der Frau im feierlichen Moment der Eheschließung: rechts die Braut als Kurtisane, links die Braut Christi und in der Mitte die »Menschenbraut«. Nun sind aber die beiden seitlich plazierten Bräute nicht notwendig nach westlich-dualistischem Interpretationsschema als Verkörperung von Gut und Böse zu verstehen, sondern können, wenn man das Bild gewissermaßen umdreht, d. h. es von innen nach außen betrachtet, ebensogut auch als der Pfad der linken und der rechten Hand des tantrischen Hinduismus gelten. Der Pfad der linken Hand wird gewöhnlich mit der Göttin Kali assoziiert, die traditionellerweise, so auch bei Toorop, eine Kette aus Totenschädeln um den Hals trägt und nicht etwa das Böse, sondern Vollendung durch Erotik und eine genaue Kenntnis der Bande zwischen Geburt und Tod versinnbildlicht. Der Pfad der rechten Hand dagegen ist der Pfad der Meditation und der Transzendierung des Körpers. Das tantrische Denken gibt keinem von beiden den Vorzug. Dennoch besteht natürlich ein Unterschied, den Toorop durch die unterschiedliche Behandlung der Figuren und die Gestaltung des Hintergrundes herauszuarbeiten sucht: Während die Formen über der Kali-Figur kräftig und entschieden wirken, erscheinen die über der Braut Christi natürlich-fließend. Die zentrale Figur personifiziert den Mittelweg, ist jedoch, da sie mehr das Produkt der beiden Erfahrungspole als etwas Eigenständiges darstellt, mit einem Schleier verhüllt.

Eine vergleichbare Vorstellungswelt findet sich auf den Gemälden eines anderen bekannten holländischen Malers dieser Zeit, Johan Thorn Prikker, der, wie sein Bild *Die Braut* zeigt, ähnlich unräumlich-linear arbeitet, aber in der Ausführung weniger hieratisch und gekünstelt naiv vorgeht. Prikkers Arbeiten lassen deutlich den Einfluß der französischen Malerei, hauptsächlich den der Pont-Aven-Schule um Gauguin, erkennen. Seine Formen sind kompakter als die Toorops, sein Pinselstrich »malerischer«. Das Ergebnis ist ein nahezu abstrakter, durch starke Wellenlinien zusammengehaltener Stil. Philosophische Abgrenzungen, wie sie Toorop in seinen *Drei Bräuten* vornimmt, liegen Prikker allerdings fern – seine Bilderwelt ist wesentlich eindeutiger dem christlichen Denken verhaftet.

Reiner und erfolgreicher als in der Staffeleimalerei aber manifestierte sich der Jugendstil auf anderen Sektoren. Der Weg zur graphischen Reproduktion ergab sich von selbst, sind doch große Farbflächen ein wesentliches Element der Lithographie. Und da Plakate von Natur her funktional sind, fanden sich die Jugendstilkünstler unversehens mitten im Werbegeschäft wieder.

Gerade hierin aber erweist sich die Bewegung als Auftakt zum 20. und nicht als Abschluß des 19. Jahrhunderts, war es doch ein Hauptanliegen der Moderne, die Trennung von Kunst und Leben zu überwinden. Von nun an trifft man die Kunst nicht nur in der Galerie, sondern ebensogut auch auf der Straße an, und zwar zunächst in Form von Werbeplakaten. Ein Künstler wie Toorop etwa fand nicht das Geringste dabei, ein Plakat für Salatöl zu entwerfen – Hauptsache, man ließ ihm bei seinen Experimenten mit subtilen Farbkombinationen und linearen Stilformen freie Hand. Und tatsächlich ist dabei nicht nur eine raffinierte Reklame, sondern auch ein schönes Kunstwerk herausgekommen. Allein der Umstand aber, daß die Hersteller diese Art Werbung für publikumswirksam hielten, zeigt, welch ungeheure Rolle der Jugendstil damals im täglichen Leben spielte.

Toorop schöpfte aus javanischen Quellen, im allgemeinen jedoch orientierte sich die Plakatkunst an Japan. Seit der zweiten Hälfte des 19. Jahrhunderts erfreuten sich japanische Holzschnitte großer Beliebtheit und übten einen beträchtlichen Einfluß auf die damals tätigen Künstler aus. Von Hokusai und Hiroschige lernten die europäischen Maler mit der Fläche umzugehen, die Perspektive, wo nötig, zu verziehen und ein Gleichgewicht zwischen Farbflächen und Linien zu erzielen. Beweis dafür ist Henri de Toulouse-Lautrecs *Divan Japonais* mit seiner sonderbar steilen Perspektive.

Die Plakatkunst, bald Hauptträger des Jugendstils, setzte sich in allen Ländern der westlichen Welt durch, wobei jedes Land seinen eigenen Stil entwickelte. Die französischen Plakate erinnern vielfach noch an den Symbolismus; so zeigen Alphonse Muchas Frauengestalten unverkennbar Spuren der von den Symbolisten auf die Spitze getriebenen Idee von der Frau als Verführerin. Außerdem fiel es den französischen Künstlern, vielleicht wegen der langen Maltradition dieses Landes, sichtlich schwer, sich den disziplinierten Techniken der Lithographie anzupassen. Weder ein Mucha noch ein Georges de Feure verstand die Flächigkeit der Lithographie so geschickt auszunutzen wie die Österreicher oder Niederländer. Sie neigten nach wie vor zur dreidimensionalen Darstellung, weshalb ihr graphisches Werk auch wesentlich komplizierter erscheint als das ihrer Zeitgenossen. Die Holländer dagegen spezialisierten sich unter Führung Henry van de Veldes auf dezidiert lineare, häufig abstrakte Entwürfe, bei denen die Beschriftung eine große Rolle spielte und die Farben durch gekonnte Zusammenstellung in leichte Schwingung gerieten. Diese Richtung übte auf die deutschen Künstler einen bestimmenden Einfluß aus. Ein Beispiel hierfür ist Bernhard Pankoks berühmtes Vorsatzpapier zum Katalog der Weltausstellung von 1900, auf dem der Künstler Form und Farbe von jeder beschreibenden Funktion befreit und so eine rein abstrakte Schönheit erzielt.

In Deutschland, wo der neue Stil nach der Zeitschrift *Die Jugend* als »Jugendstil« bezeichnet wurde, spaltete sich die Bewegung in zwei Strömungen auf. Die eine stand wie Pankok unter dem Einfluß des zarten, abstrakten Stils der Niederländer, während die andere mehr an die robusten Ausdrucksformen der Wiener Sezession anknüpfte. Ein typisches Beispiel für die letztgenannte Richtung ist Sattlers *Pan*-Plakat mit seiner gewollten Bildersprache und den blockhaft gegeneinandergesetzten, satten Farben.

In England entwickelten die Beggarstaff Brothers (William Nicholson und James Pryde) in Anlehnung an Toulouse-Lautrec und Bonnard einen eigenen Stil, der sich vor allem durch große freie Flächen auszeichnete und mit den auf den amerikanischen Geschmack zugeschnittenen Arbeiten William Bradleys sogar die Neue Welt eroberte.

Auf dem Gebiet der Bildhauerei brachte der Jugendstil zwar keine eigene Richtung hervor; dafür aber erforschten die Formgestalter die in ihm liegenden plastischen Möglichkeiten und wandten die Ideen auf Gebrauchsgegenstände an, ohne doch darüber deren Funktion aus dem Auge zu verlieren. So gesehen, darf man Emile Gallé, obwohl er sich auf die Herstellung von Vasen, gewöhnlich aus polychromem Glas, beschränkte, als den eigentlichen Bildhauer des Jugendstils bezeichnen. Auf seine Anregung hin entstand die sogenannte »Ecole de Nancy«, eine Vereinigung von Designern und Glasfachleuten, deren Arbeiten von den seinen kaum zu unterscheiden sind. Typisch für den Nancy-Stil

61 ist die im Bildteil wiedergegebene tulpenförmige Vase: Die auf ein Minimum reduzierten formalen Aspekte steigern noch die Wirkung der äußerst sorgfältig behandelten, perlmuttartig irisierenden Oberfläche. Diese den Zufall bewußt mit einbeziehende Kombination von schillerndem Farbenspiel und schlichter Form zeugt deutlich vom Einfluß der japanischen Keramik.

62 Etwas anders liegt der Fall bei Louis Comfort Tiffany, dem anderen großen Glaskünstler der Zeit, der seine Artikel nicht wie Gallé für einige wenige Kenner entwarf, sondern für reiche Kunden, die sich in seinem New Yorker Laden mit Ziergegenständen für ihre Stadtwohnungen eindeckten. Daher wohl auch der insgesamt prunkvollere, die Glanzeffekte offener zur Geltung bringende Charakter seiner Arbeiten. Tiffany hat nie die Reinheit des Nancy-Stils erreicht; dennoch kann man den besten Stücken seiner ungemein populären Werke eine gewisse wuchtige Schönheit nicht absprechen.

Auch der Schmuck erwies sich als ein für den Jugendstil hervorragend geeignetes Medium. Hier machte sich beson-

63 ders Lalique einen Namen, der hauptsächlich mit Silber, Perlen und, da ihm regelmäßig geschliffene Steine wie Diamanten und Rubine nicht zusagten, mit Halbedelsteinen arbeitete. Und in der Tat verstand er aus Mondsteinen und Opalen prachtvolle Stücke stilisierter Pflanzen und Tiere von größter Zartheit anzufertigen.

Aufgrund seiner breiten Anwendungsmöglichkeiten konnte der Jugendstil allen Modeschwankungen Rechnung tragen und fand im Gegensatz zu manch anderer, oft eifersüchtig geheimgehaltener Kunstrichtung fast auf Anhieb sein Publikum. So gehörten in modebewußten Kreisen Gallé-Vasen ebenso zum guten Ton wie ehedem in Großbritannien Morris-Tapeten. Und wie jede Modeerscheinung paßte sich auch der Jugendstil dem jeweiligen Geschmackswandel an. Als Serge Diaghilew mit dem russischen Ballett Paris eroberte, wurde der lineare Aspekt des Jugendstils in den Dienst einer orientalischen Exotik gestellt, und als der alte Lebensstil 1914 zusammenbrach, riß er den so fest in der Vorkriegsgesellschaft verankerten Jugendstil zwangsläufig mit sich.

Nach fünfzigjährigem Dornröschenschlaf sind Symbolismus und Jugendstil nun wiedererwacht. Gallé-Vasen erzielen sogar noch höhere Preise als im Jahr 1900, und Morris-Tapeten sind überall zu sehen. Selbst beinahe lächerlich anmutende symbolistische Gemälde brechen alle Rekorde, und zweifellos wird noch so mancher zweitrangige Künstler aus der Versenkung geholt werden, um die Marktlücken zu füllen. Wie er auf diese exotischen Blüten reagieren will, muß letztlich jeder selbst entscheiden. Eins aber steht fest: Ohne den ungestümen Angriff des Symbolismus auf die Zitadelle des Mysteriösen und ohne die eigenwillige dekorative Eleganz des Jugendstils wäre die Kunstgeschichte zwar in manchem gesicherter, aber auch ein gut Teil langweiliger.

Literaturhinweis

Da der Symbolismus erst vor kurzem wieder aus der Versenkung auftauchte, gibt es bis jetzt nur wenig allgemeine Abhandlungen über dieses Thema. Eine Art Leitfaden für den französischen Symbolismus unter besonderer Berücksichtigung des Salons de la Rose-Croix findet man bei Philippe Jullian, *Mythen und Phantasmen in der Kunst des Fin de Siècle* (Berlin 1971) sowie *Der Symbolismus* (Köln 1974). Jullian, der Hauptverteidiger der Bewegung, bringt in seinen beiden Werken viele, nirgendwo sonst auffindbare Abbildungen, ist aber in seiner ganzen Einstellung unkritisch. Wesentlich sachlicher verfährt Edward Lucie-Smith in seinem Buch *Symbolist Art* (London und New York 1972), das den Symbolismus in einen größeren Zusammenhang stellt. Der Katalog der 1972 vom britischen Arts Council organisierten Ausstellung französischer Symbolisten enthält wertvolles Dokumentationsmaterial, während sich die Pariser Atmosphäre der beiden letzten Jahrzehnte des 19. Jahrhunderts am besten in J. K. Huysmans' Roman *A rebours (Gegen den Strich)* eingefangen findet.

Gauguin, sein Einfluß und seine Theorien werden ausführlich von Wladyslawa Jaworska in *Gauguin and the Pont-Aven School* (London und Greenwich, Conn., 1972) behandelt, während H. R. Rookmaakers schwieriges, aber lohnendes Buch *Synthetist Art Theories* (Amsterdam 1959) über das ästhetische Umfeld des Gauguinkreises informiert. Im übrigen bringen die meisten der zitierten Bücher eine ausführliche Bibliographie.

Im Gegensatz zum Symbolismus existiert über den seit längerem wieder aktuellen Jugendstil eine ganze Anzahl kleinerer Publikationen, so Renato Barillis hervorragende Abhandlung *Jugendstil* (München 1974). Einen umfassenden Überblick vermitteln Robert Schmutzlers *Art-Nouveau-Jugendstil* (Stuttgart 1962) und *Kunst um Neunzehnhundert* (Wien 1971) von Maurice Rheims; eine gute Einführung in das Schaffen von William Morris und seinen Zirkel bietet G. Naylor in *The Arts and Crafts Movement* (London 1971).

Zeittafel

1848–50 England: Zusammenschluß der präraffaelitischen Bruderschaft; Rosetti malt sein Bild *Ecce Ancilla Domini*.

1874 Frankreich: Erste Impressionistenausstellung.

1876 Frankreich: Moreau stellt seine *Salome* aus.

1879 Frankreich: Redons Lithographien erstmals veröffentlicht.

1881 Frankreich: Puvis stellt seinen *Armen Fischer* aus.

1883 England: Bildung der Arts and Crafts Exhibition Society.

1884 Frankreich: Huysmans veröffentlicht seinen Roman *A rebours*.

1886 Frankreich: Erster Besuch Gauguins in der Bretagne.

1888 Frankreich: Gauguin malt seine *Vision nach der Predigt*. Zusammenschluß der Nabis.

1889 Frankreich: Gallé stellt auf der Pariser Weltausstellung Vasen aus; Gauguin besucht die Ausstellung über die französischen Südseekolonien.

Norwegen: Munch malt den *Schrei*.

1891 Frankreich: Gauguin bricht nach Tahiti auf.

1892 Frankreich: Gründung des Salons de la Rose-Croix.

1893 USA: erste Vasenentwürfe von Tiffany.

Holland: Toorop malt *Die drei Bräute*.

1894 England: Beardsley illustriert *The Yellow Book*.

1895 Deutschland: Erste Nummer des *Pan*.

1896 Deutschland: Erste Nummer der Zeitschrift *Die Jugend*.

1897 Österreich: Gründung der Wiener Sezession.

Frankreich: Letzte Ausstellung des Salons de la Rose-Croix.

1898 Frankreich: Tod von Moreau und Puvis.

1903 Marquesas-Inseln: Tod Gauguins.

1904 Schottland: Mackintosh entwirft die Willow Tea Rooms.

1916 Frankreich: Tod Redons.

Verzeichnis der Abbildungen

1 Paul Gauguin (1848–1903), *Die Vision nach der Predigt (Jakobs Kampf mit dem Engel)*, 1888. Öl auf Leinwand, 73 × 92 cm. National Gallery of Scotland, Edinburg. Siehe S. 10.

2 Emile Bernard (1868–1914), *Bretoninnen auf einer Mauer*, 1892. Öl auf Leinwand, 81 × 116 cm. Sammlung M. und Mme Samuel Josefowitz, Lausanne. Siehe S. 17.

3 Maurice Denis (1870–1943), *Bretonischer Tanz*, 1891. Öl auf Leinwand, 41 × 33 cm. Sammlung M. und Mme Samuel Josefowitz, Lausanne. Siehe S. 18.

4 Paul Gauguin (1848–1903), *Selbstbildnis: Les Misérables*, 1888. Öl auf Leinwand, 45 × 55 cm, Vincent-van-Gogh-Stiftung, Amsterdam. Siehe S. 17.

5 Paul Sérusier (1864–1927), *Landschaft: der Bois d'Amour (Der Talisman)*, 1888. Zigarrenkiste, 27 × 21 cm, Privatbesitz. Siehe S. 19.

6 Eugène Grasset (1841–1917), *Frühling*, 1884. Glasfenster, 2,94 × 1,32 m. Musée des Arts décoratifs, Paris. Siehe S. 20.

7 Charles Filiger (1863–1928), *Bretonischer Kuhhirt*. Gouache, 28 × 23 cm. Sammlung M. und Mme Samuel Josefowitz, Lausanne. Siehe S. 19.

8 Maurice Denis (1870–1943), *April*, 1892. Öl auf Leinwand, 37,5 × 61 cm. Rijksmuseum Kröller-Müller, Otterlo. Siehe S. 20.

9 Lucien Lévy-Dhurmer (1865–1953), *Sumpfvögel in einer Landschaft*, 1910–14. Öl auf Leinwand (Paneel), 2,06 × 2,90 m. Metropolitan Museum of Art, New York (Harris Brisbane Dick Fund 1966). Siehe S. 21.

10 drs., *Unsere Liebe Frau von Penmarc'h*, 1896. Öl auf Leinwand, 41 × 33 cm. Privatbesitz. Siehe S. 20.

11 Paul Gauguin (1848–1903), *Woher kommen wir? Wer sind wir? Wohin gehen wir?*, 1897. Öl auf Leinwand, 1,39 × 3,75 m. Museum of Fine Arts, Boston (Arthur Gordon Tompkins Residuary Fund). Siehe S. 23.

12 drs., *Der Totengeist wacht (Manao Tupapau)*, 1892. Öl auf Leinwand, 73 × 92 cm. Privatbesitz. Siehe S. 21.

13 Pierre Puvis de Chavannes (1824–98), *Der arme Fischer*, 1881. Öl auf Leinwand, 1,55 × 1,92 m. Louvre, Paris. Siehe S. 26.

14 drs., *Die heilige Genoveva wacht über Paris*, 1886. Öl auf Leinwand (Entwurf für ein Wandbild). Panthéon, Paris. Siehe S. 25.

15 Ferdinand Hodler (1853–1918), *Der Mönch*, 1911. Öl auf Leinwand, 64,5 × 91,5 cm. Privatbesitz. Siehe S. 26.

16 Gustave Moreau (1826–98), *Herkules und die Lernäische Schlange*, um 1870. Wasserfarben auf Papier, 25 × 20 cm. Musée Gustave Moreau, Paris. Siehe S. 27.

17 drs., *Salome tanzt vor Herodes (Die tätowierte Salome)*, Ausschnitt, 1876. Öl auf Leinwand, 92 × 60 cm. Musée Gustave Moreau, Paris. Siehe S. 28.

18 drs., *Die Stimme des Abends*. Wasserfarben auf Papier, 34 × 22 cm. Musée Gustave Moreau, Paris. Siehe Seite 29.

19 Odilon Redon (1840–1916), *Bildnis Gauguins*, 1904. Öl auf Leinwand, 66 × 55 cm. Louvre (Jeu de Paume), Paris. Siehe S. 32.

20 drs., *Pandora*, um 1910. Öl auf Leinwand, 144 × 62 cm. Metropolitan Museum of Art, New York (Nachlaß Alexander M. Bing, 1959). Siehe S. 32.

21 Arnold Böcklin (1827–1901), *Die Toteninsel*, 1886. Öl auf Holz, 80 × 150 cm. Museum der bildenden Künste, Leipzig. Siehe S. 34.

22 Alexandre Séon (1857–1917), *Die Verzweiflung der Chimäre*, 1890. Öl auf Leinwand, 65 × 53 cm. Privatbesitz. Siehe S. 38.

23 Léon Frédéric (1856–1940), *Der See – das schlafende Wasser*, 1897–98. Öl auf Leinwand, 2,05 × 1,27 m. Musées Royaux des Beaux-Arts, Brüssel. Siehe S. 38.

24 Jean Delville (1867–1953), *Satans Schätze*, 1895. Öl auf Leinwand, 3,58 × 3,68 m. Musées Royaux des Beaux-Arts, Brüssel. Siehe S. 36.

25 Armand Point (1860–1932), *Die Sirene*, 1897. Öl auf Leinwand, 90 × 70 cm. Schweizer Privatbesitz. Siehe S. 38.

26 Carlos Schwabe (1866–1926), *Tod und Totengräber*, 1895–1900. Wasserfarben und Gouache, 76 × 56 cm. Louvre (Cabinet des Dessins), Paris. Siehe S. 40.

27 Edvard Munch (1863–1944), *Der Schrei*, 1893. Öl auf Karton, 91 × 73,5 cm. Nasjonalgaleriet, Oslo. Siehe S. 41.

28 drs., *Madonna*, 1895–1902. Lithographie, 60,7 × 44,3 cm. Nasjonalgaleriet, Oslo. Siehe S. 42.

29 Auguste Rodin (1840–1917), *Fugit Amor*, 1885–87. Marmor, 57 × 110 × 40 cm. Musée Rodin, Paris. Siehe S. 43.

30 Medardo Rosso (1858–1928), *Ecce puer*, 1906. Bronze, Höhe 46 cm. Galleria d'Arte Moderna di Ca' Pesaro, Venedig. Siehe S. 43.

31 James Ensor (1860–1949), *Selbstbildnis mit Masken*, 1899.

Öl auf Leinwand, 118 × 83 cm. Sammlung Mme C. Jussiant, Antwerpen. Siehe S. 40.

32 Pablo Picasso (1881–1973), *Die Büglerin*, 1904. Öl auf Leinwand, 115 × 72 cm. Privatbesitz. Siehe S. 43.

33 Augusto Giacometti (1877–1947), *Die Nacht*, 1903. Tempera auf Leinwand, 2,51 × 1,10 m. Kunsthaus Zürich. Siehe S. 44.

34 Giovanni Segantini (1858–99), *Die Liebesgöttin*, 1894–97. Öl auf Leinwand, 2,10 × 1,44 m. Galleria Civica d'Arte, Mailand. Siehe S. 44.

35 Carlos Schwabe (1866–1926), *Maria mit den Lilien*, 1899. Wasserfarben, 97 × 47 cm. Privatbesitz. Siehe S. 40.

36 Dante Gabriel Rossetti (1828–82), *Ecce Ancilla Domini (Die Verkündigung)*, 1850. Öl auf Leinwand, auf Holz aufgezogen, 72 × 42 cm. Tate Gallery, London. Siehe S. 46.

37 Sir Edward Coley Burne-Jones (1833–98), *Die goldene Treppe*, 1880. Öl auf Leinwand, 2,76 × 1,17 m. Tate Gallery, London. Siehe S. 48.

38 drs., *Der Prinz betritt den Dornwald*, aus »The Briar Rose«, Serie 1, 1870–90. Öl auf Leinwand, 1,22 × 2,48 m. The Faringdon Collection Trust, Buscot Park, Faringdon, Berkshire. Siehe S. 48.

39 drs., *Dornröschen* aus »The Briar Rose«, Serie 4, 1870–90. Öl auf Leinwand, 1,22 × 2,27 m. The Faringdon Collection Trust, Buscot Park, Faringdon, Berkshire. Siehe S. 48.

40 Charles Annesley Voysey (1857–1941), *Tapete mit Tulpen und Vögeln*, 1896. Victoria and Albert Museum, London. Siehe S. 49.

41 Charles Rennie Mackintosh (1868–1928), Flügeltür zum »Room de luxe« der Willow Tea-Rooms, 1904. Bemaltes Holz, Metall und Buntglas (Größe des einzelnen Flügels 196 × 69 cm). The House of Frazer, Glasgow. Siehe S. 52.

42 Aubrey Beardsley (1872–98). *Isolde*, um 1895. Farblithographie, 24,8 × 15 cm. Siehe S. 50.

43 Arthur Heygate Mackmurdo (1852–1942), Stoffmuster, 1884. William Morris Gallery, London. Siehe S. 49.

44 William Morris (1834–96), Chintz mit Narzissenmuster, 1891. Siehe S. 49.

45 William de Morgan (1839–1917), Doppelhenklige Amphora mit persischem Muster, 1888–97. Höhe 34,3 cm. Siehe S. 50.

46 Gustav Klimt (1862–1918). *Danae*, 1907–08. Öl auf Leinwand, 77 × 83 cm. Privatbesitz. Siehe S. 53.

47 drs., *Der Kuß*, 1909. Wasserfarben und Gouache, Papier

auf Holz, 1,92 × 1,18 m. Musée des Beaux-Arts, Straßburg. Siehe S. 52.

48   Jan Toorop (1858–1928), *Die drei Bräute*, 1893. Kolorierte Zeichnung, 78 × 98 cm. Rijksmuseum Kröller-Müller, Otterlo. Siehe S. 53.

49   Johan Thorn Prikker (1868–1932), *Die Braut*, 1892–93. Öl auf Leinwand, 146 × 88 cm. Rijksmuseum Kröller-Müller, Otterlo. Siehe S. 54.

50   Jan Toorop (1858–1928), *Delftsche Slaolie*, vor 1897. Plakat (Farblithographie), 99 × 70,2 cm. Siehe S. 55.

51   Alphonse Mucha (1860–1930), *Gismonda*, 1894. Plakat. Siehe S. 55.

52   Bernhard Pankok (1872–1943), Vorsatzpapier zum Katalog der Weltausstellung in Paris 1900 (deutsche Abteilung). Farblithographie, 24,2 × 19 cm. Siehe S. 56.

53   Georges de Feure (1868–1928), *Le Journal des ventes*, 1897. Plakat. Siehe S. 55.

54   Josef Sattler (1867–1931), *Pan*, 1895. Plakat. Siehe S. 56.

55   Ludwig von Zumbusch (1861–1927), Umschlagentwurf für *Die Jugend* (Nr. 40), 1897. Siehe S. 56.

56   René Wiener (1856–1939), Portfolio, 1894. Ledereinlegearbeit. Musée de l'Ecole de Nancy, Nancy. Siehe S. 56.

57   Henry van de Velde (1863–1957), *Tropon*, 1898. Plakat (Farblithographie), 36 × 29,9 cm. Siehe S. 56.

58   Henri de Toulouse-Lautrec (1864–1901), *Divan Japonais*, 1893. Plakat 79,5 × 59,5 cm. Siehe S. 55.

59   Beggarstaff Brothers (William Nicholson, 1872–1949, und James Pryde, 1866–1941), *Mädchen auf Sofa*, 1895. Plakat. Siehe S. 56.

60   William Bradley (1868–1962), *The Chap Book*, 1894. Plakat. Siehe S. 56.

61   Daum (gest. 1909), nach Bussière (? Ernest Bussière, gest. 1937), Glasvase, um 1900. Museum für Kunst und Gewerbe, Hamburg. Siehe S. 57.

62   Louis Comfort Tiffany (1848–1933), Glasvase, um 1900. Siehe S. 57.

63   René Lalique (1860–1945), Verzierter Pokal. Österreichisches Museum für angewandte Kunst, Wien. Siehe S. 57.

Umschlag
Sir Edward Burne-Jones (1833–98), *Die Verzauberung Merlins* (Ausschnitt), 1874. Öl auf Leinwand, 1,85 × 1,10 m. Mit freundl. Genehmigung der Lady Lever Art Gallery, Port Sunlight.

4

6

7

.11

13

PUVIS DE CHAVANNES
1898.

14

15

16

17-18 ▶

19

21

25

27

28

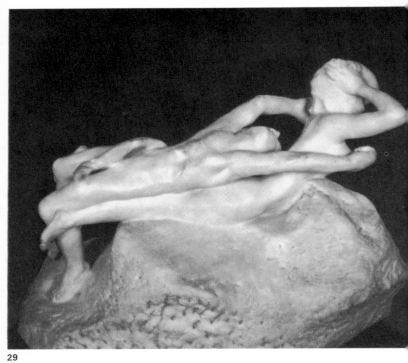

29

31

SOL VIVE NI E LCOA IL SIGNOR

33

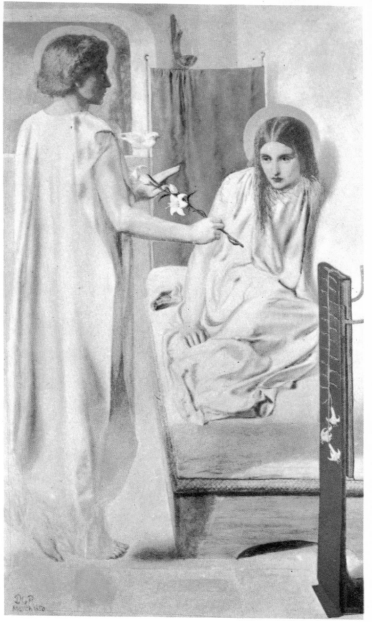

40

ISOLDE

44

46

47 ▶

48

S. LANKHOUT & C⁰

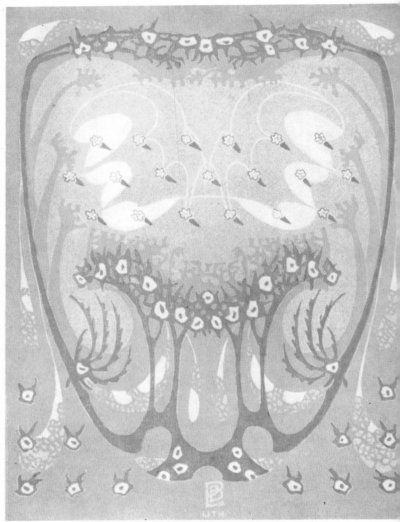

52

LE JOURNAL DES VENTES.

N° 15 c.

PARAISSANT LES DIMANCHES

DIRECTION,

CH. VOS ET Cⁱᵉ

123 RUE DE LA PUTTERIE
BRUXELLES

56

57

Brothers Beggarstaff   Plakat

61

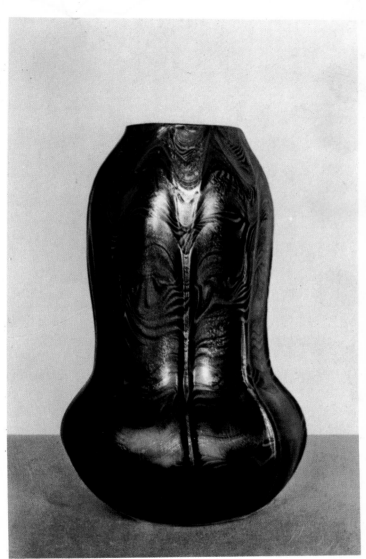

63